献给"基于幼儿社会性发展的乡土课程资源开发与利用"项目协同研究团队中的每一位老师

本书系北京教育学院2019年科研课题"教师日常生活中的学习机制研究"（ZDGZ2019-03）成果，北京教育学院院级课题"乡土视野下幼儿园课程文化建设研究"（YB2017-08）成果，北京教育学院协同创新项目——"基于幼儿社会性发展的乡土课程资源开发与利用"项目成果，北京教育学院学前教育学院学科创新平台之"幼儿园文化建设"研究成果。

幼儿园
乡土课程文化建设
——协同研究——

杨瑞芬 著

学苑出版社

图书在版编目（CIP）数据

幼儿园乡土课程文化建设协同研究 / 杨瑞芬著 . —北京：学苑出版社，2019.8
ISBN 978-7-5077-5805-4

Ⅰ.①幼… Ⅱ.①杨… Ⅲ.①学前教育—乡土教育—课程—教学研究 Ⅳ.① G612

中国版本图书馆 CIP 数据核字（2019）第 189348 号

出 版 人：	孟　白
责任编辑：	任彦霞
出版发行：	学苑出版社
社　　址：	北京市丰台区南方庄 2 号院 1 号楼
邮政编码：	100079
网　　址：	www.book001.com
电子信箱：	xueyuanpress@163.com
联系电话：	010-67601101（营销部）、010-67603091（总编室）
印 刷 厂：	北京虎彩文化传播有限公司
开本尺寸：	787×1092　1/16
印　　张：	16
字　　数：	215 千字
版　　次：	2019 年 8 月第 1 版
印　　次：	2019 年 8 月第 1 次印刷
定　　价：	68.00 元

序

春末夏初，北京新雨；推开南窗，一片新绿；学生新著，欣然作序。

近日接到杨瑞芬博士又一部书稿——《幼儿园乡土课程文化建设协同研究》，她让我作序，我很高兴，就一边喝茶，一边"茶序"。

杨瑞芬是我的2015年毕业的博士生。在中央民族大学攻读博士学位期间，她一直致力于延续硕士期间的教师生活的研究，并结合民族教育领域的学习探讨了民族地区教师的实践性知识和知识观的文化个性；她的博士论文是对哈萨克族民间教育思想的研究，这项研究既有对史料的分析，也有深入田野的生活体验，比较全面而深入地探索了哈萨克族民间文化中丰富的教育资源，这就极大地拓展了她探讨教师生活的视野。其间表现出的矢志不渝和勇于另辟天地的精神为她毕业后探索乡土文化背景下幼儿教育的发展奠定了坚实的理论基础和方法论基础。

杨瑞芬的新著首先跃入我眼帘的是"乡土视野"与"幼儿园"，这两个词令我浮想联翩。"幼儿园"，是现代学前教育鼻祖、德国教育家福禄贝尔（Friedrich Wilhelm August Fröbel，1782-1852）创办并取名的，德语是"Kindergarten"，意思就是"儿童的花园"。他为什么创造新词"Kindergarten"来命名其所创办的学前教育机构呢？福禄贝尔出生不久母亲就病故了，是家乡的森林、田野、河流、隔壁邻居、亲朋好友、父老乡亲给他以母亲般的温暖，他从小就热爱家乡的一草一木、风土人情、民风民俗，也就是"乡土文化"，这就为他后来的自然教育思想奠定了基础。显然，他的自然教育思想中的"自然",包含具有淳朴自然之美的乡土文化。1836年,福禄贝尔回到家乡图林根,创办了一所旨在发展幼儿活动本能和自发活动的儿童游戏活动机构,1840年为之取名"Kindergarten"。顾名思义,儿童如花草树木,儿童的发展如植物的成长,幼儿教育机构就像花园,幼儿教师就是花园里的园丁。尽管学术界对福禄贝尔所创造的名词"Kindergarten"有多种解释,但是从童年经验而言,显然,热爱家乡大自然、乡土文化对他应该有更多的启示,用"乡土文化"视野来解读"Kindergarten",应该是符合福禄贝尔初衷的。

就我们每一个人成长经历而言,童年的味道与家乡的味道往往是水乳交融的。想到童年,我们很自然想起"百草园",想起顽皮的发小,耳边响起《让我们荡起双桨》《外婆的澎湖湾》《家乡的小桥》《妈妈的吻》《故乡的云》《那就是我》等童谣,童年与家乡就像放电影一样一幕幕展开。乡土文化滋养了童年——人生之根;童年因乡土文化的滋养而生动活泼、丰富多彩、富有光泽,或称之金色童年,或称之七彩童年;人生也因童年饱受乡土文化的滋养,才永远有美好的回忆、永葆童心的永不枯竭的原动力。

所以,该著作的选题很有专业价值,且能唤起许多人对童年的美好回忆。

《幼儿园乡土课程文化建设协同研究》这本书是杨瑞芬在北京教育学院提供的协同创新项目工作平台的基础上,结合自己的教育文化专业优势创造性开展工作的显现,也展现出她始终保持研究者的探索精神,来不断思考协同项目如何在"协同研究"中更顺畅和有效地进行。她把以幼儿教师为主体的行动研究、高校教师开展的田野研究以及北京区级教师进修学校教研员为各方研究提供的中坚力量整合起来,努力使三方在有效互动中获得共同发展。

尽管,三年的协同研究历程向读者展示得不够生动、全面,协同研究的理论成果有待于持续论证,但她在建立不同主体组成的协同研究共同体基础

序

上，明确各方研究优势，尽最大可能地使理论逻辑和实践逻辑在相互尊重、相互推动中促进协同园幼儿教育实践的变革和本土幼儿教育理论的建立，这无疑有助于幼儿教育理论本土化研究的进一步开展，幼儿教育空间的持续拓展。更为重要的是，在幼儿教育领域中倡导课程的文化品质、幼儿园的文化品质，并致力于通过2019—2022年第二轮协同创新项目的四所伙伴幼儿园继续探索文化的可持续发展之路，这样的专注和不断追索的精神和行动是很可贵的。

希望并深信她在接下来的三年和更长时间内，将在幼儿园乡土课程文化和幼儿教师生活的探索中取得更丰富的研究成果，也必将能把这些成果转化为幼儿园课程和教师队伍建设的推动力量；她自己也将能够与研究或行动伙伴们共同赢得美好的发展前景，让协同研究真正服务于中国幼教工作者的终身学习与幸福、完满的生活。

六月里花儿香，

六月里好阳光。

六一儿童节，歌儿到处唱。

歌唱我们的幸福，

歌唱祖国的富强。

我们自由地生长在这光荣土地上……

行笔至此，我耳边仿佛响起童年的歌声。六一快到了，我祝愿可爱的花朵、祖国的园丁，节日快乐！

吴明海

2019年5月16日于中央民族大学

前 言

当把教育的眼光定位于丰富的日常生活及其历史发展的长河中时，我们不得不用心体验普通百姓所代代相传的文化习俗，这里面渗透着人类对大自然、人类自身的思考与探索。这里是一座宝藏，有待于我们去挖掘并转化为婴幼儿成长的优质资源；这里蕴藏着我们自身成长所须臾离不开的精神财富，它能帮助我们更好地去安身立命，处理好人与自然、人与人、人与社会乃至人与自身的关系。

因为出身于农民家庭，也因为与北京房山佛子庄中心园结成了三年的友谊，这些年对乡土文化在现代社会中的重要价值有了更深入的思考，乡土文化赋予教育一个根基，赋予生命以自然本色。正是这样一种切身体验促成了我急切地分享三年来的所思所做。这种分享不是理论的独白，也不是实践经验的单纯描述，是饱含勇气对幼教新思路的探索，是一个田野研究者把三年的行动——大学与幼儿园的亲密交往与互助成长真实再现并做理性反思的过程，期待能有助于更多幼教人来分享这份喜悦，期待幼儿在生命之初能够借乡土文化滋养个体精神，它是一生成长的根基。

《幼儿园乡土课程文化建设协同研究》是借助于北京教育学院学前教育学院与房山佛子庄中心园的协同创新项目——"基于幼儿社会性发展的乡土课程资源开发与利用"以及"乡土视野下的课程文化建构"研究课题而做出的探索与尝试。协同创新项目主要采用的是行动研究范式，课题则主要采用了人类学的田野研究范式。行动研究有助于园所实际问题的解决，田野研究则将园所发展及其行动研究置于更广阔的文化背景中来考量，有助于对乡土文化、乡土文化课程的深度理解与建构。同时，行动研究中的密切合作有助于田野研究关系的建立，从而确保研究一手资料的获取。二者相互补充、相得益彰，为此而将之逐步定位为协同研究。协同创新项目直接指向于幼儿园课程与教学质量的提升，课题则为课程文化品质的形成寻找深层次原因。前者重点指向于教学研究，需要区级教研员的共同参与，以"有策略、有目的地应对教学的探究性"，并"张扬教学的文化品格"；① 后者侧重于课程与乡土文化互动关系的研究，需要基于幼儿园教学实践与教学研究本身，以使各种文化资源顺利地融入教学情境，使教研员和教师在同一时空条件下相互砥砺，共同发生变化，进而改善教学。② 协同研究因共同的目标而使不同的主体密切合作而又协助发展。协同研究是幼儿园、区级教研员及北京教育学院教师三方主体所形成的研究共同体，借助不同研究范式、不同实践模式和教研方式，共同提升幼儿园教学质量和课程文化品质的整体性行动。这本书中，协同研究主要采用行动研究范式和人类学的田野研究范式。

田野研究范式在幼儿教育研究中尚没有得到广泛的运用，为此，在这里加以具体说明。田野研究、民族志撰写、理论建构是人类学的三大法宝。田野研究强调研究者深入研究对象的日常生活中，通过长时间的共处、参与其所有活动来使书斋理论与研究现场呈现知识性贯通。田野研究首先要在当天生活结束后尽快撰写田野日志，这是因为记忆会因时间流逝而模糊或错乱。其次，要对田野日志进行深度阅读，并通过提炼主题词来编码。在这个过程中也可以撰写备忘录。再次，以编码和备忘录为主线，对与某一主题和论点有关的所有日志进行分类。③ 最后，对分类后的日志进行有序组织，并进行

---

① 刘旭东. 论作为行动者的教研员及专业发展 [J]. 教师发展研究. 2019(2):51-57.
② 刘旭东. 论作为行动者的教研员及专业发展 [J]. 教师发展研究. 2019(2):51-57.
③ 滕星. 教育人类学通论 [M]. 北京：商务印书馆，2017:142.

分析、解释，完成活动志或园所志的撰写。园所志如同人类学的民族志。以此为依据，可以尝试园所文化发展理论的建构。

研究过程中也运用了生活体验研究。具体情境中的体验是人基本的存在形式。生活体验研究是现象学研究，其目的在于获得对日常生活体验的本性或意义更深刻的理解，[①] 强调对生活经验的意义的描述。这种生活经验被置于社会文化和历史传统中进行考量，从而理解身处特定时代中作为女人、男人、孩子的生活价值所在，进而更好地去履行职责和享受生活。这里的描述是生活世界某些方面的恰当的阐述，它和我们的生活体验产生共鸣。[②] 这种描述可以使生活中容易忽略的东西变得可以解读与反思，因而是研究文化现象的一种适宜的方法。幼儿园教师的观察记录、个人日记、生活传记及幼儿的图画等都是生活体验研究的素材。通过对素材进行组织与整理来聚焦主题、明了主题的教育性、寻找各主题的焦点或线索、确定根本主题，进而确定研究的核心概念。另外，现象学研究强调研究者的写作，通过写作明了反思和行为本身之间的联系，写作是观察力的锻炼，是对思考的检测。

这本书旨在探索园所基于乡土文化构建乡土课程文化的途径、方法等，因此，对园所所处区域中乡土文化的理解是协同研究的起步阶段。对乡土文化的理解、归类、选择与乡土文化的传承者在当地的日常生活及相关文本密切相关，为此，生活体验法、文本分析法及生活历史法是这一阶段主要的研究方法。第二阶段是与园所教师、当地承担乡土课程的中小学教师、家长、民间艺人、非物质文化传人等共同开展行动研究，探索乡土文化资源转变为幼儿园课程的途径，这是协同研究的核心环节。幼儿园乡土课程建设的过程与乡土课程文化建设的过程紧密相连，课程文化的建设源于前者又高于

---

① 马克斯·范梅南.生活体验研究——人文科学视野中的教育学［M］.北京：教育科学出版社，2003:167-170.

② 马克斯·范梅南.生活体验研究——人文科学视野中的教育学［M］.北京：教育科学出版社，2003:16.

前者，需要基于课程文化的深层理解而对课程建设的实践过程进行反思与提炼，从而挖掘其核心要素，并明确与课程建设的关系。第三阶段将对协同研究的整个过程进行理性反思，得出研究结论。这三个阶段伴随着房山佛子庄乡中心幼儿园和三教寺幼儿园的田野研究，基于此，这本书内容呈现为协同研究的初心、开始、历程、成果、展望五个章节，并在最后对研究结论、过程和不足进行整体性反思，以求真实再现协同研究的全过程，给读者留有思考和评判的空间。

对研究方法和研究进程的把握是这项协同研究能否顺利进行的关键，尽管在探索的过程中充满了困难和阻碍，但实践的改善和研究的初步成果使这个共同体依旧继续沿着这条道路前进，希望在北京教育学院即将开始的第二轮协同项目中收获更多。

杨瑞芬

2019 年 4 月 10 日

目 录

第一章	**协同研究的初心**	
	——乡土文化价值重塑与乡土资源开发	/001
	第一节　走进"天梦之乡"——房山佛子庄的二月二庙会	/004
	第二节　一方水土养一方人	/006
	第三节　幼儿园对乡土文化及乡土课程的理解	/009
	第四节　幼儿教师——乡土文化传承的主体	/016

第二章	**协同研究的开始**——研究共同体的逐步建立	/019
	第一节　三级联动形成的研究共同体	/021
	第二节　研究中学术逻辑和实践逻辑的相遇	/027

第三章	**协同研究的历程**——行动研究单元和田野生活片段	/037
	第一节　幼儿教师的行动研究	/039
	第二节　我的田野研究历程	/046

第四章	**协同研究的成果**——乡土课程及课程文化的阐释	/071
	第一节　班级中幼儿教师成长	/073
	第二节　理论研究者的思考	/090

第五章	协同研究的展望——幼儿园文化的可持续发展	/ 125
	第一节　幼儿园课程文化品质的生成	/ 127
	第二节　幼儿教师继续教育文化品质的发展	/ 144
	第三节　幼儿园的可持续发展	/ 153

反思与总结　　　　　　　　　　　　　　　　　　　　　/ 174

结语　　　　　　　　　　　　　　　　　　　　　　　　/ 179

附录一：2016 年协同研究方案　　　　　　　　　　　　/ 181

附录二：2016 年房山佛子庄幼儿园协同创新项目总结　　/ 189

附录三：2017 年协同研究方案　　　　　　　　　　　　/ 196

附录四：2017 年协同研究报告　　　　　　　　　　　　/ 201

附录五：2018 年协同研究方案　　　　　　　　　　　　/ 210

附录六：2016—2018 年协同研究主要活动　　　　　　　/ 214

附录七：2016—2018 年协同研究总报告　　　　　　　　/ 219

主要参考文献　　　　　　　　　　　　　　　　　　　　/ 237

后记　　　　　　　　　　　　　　　　　　　　　　　　/ 241

第一章
协同研究的初心
—— 乡土文化价值重塑与乡土资源开发

第一章
协同研究的初心——乡土文化价值重塑与乡土资源开发

"乡土"即家乡、故土，指的是个体出生和成长的地方。费孝通先生在《乡土中国》一书中指出中国社会的基层是乡土性的，这是因为以农业为生的民族视土地为命根，"土里长出过光荣的历史，自然也会受到土地的束缚"，因而乡人离不开泥土，长期居住在同一片土地，形成大大小小的村落，而村落便成为乡土社区的基本单位。文化被哲学家梁漱溟认为是一个民族的生活样式，即依赖一定的自然地理环境、经济基础等构成的生活方式，是当地风俗习惯、口传文本等精神成果和民居建筑等物质成果的总和。乡土文化便是同一地区的村民基于血缘和地缘而世代传承的神话传说、风物民俗、"差序格局"[①]、"礼治秩序"乃至谋生之道等。乡土文化是基于土地耕种而形成的文化，因循着四季而形成了春种、夏长、秋收、冬藏的生活方式。乡民日出而作、日落而息的生活吻合自然之道；在长期的生活中，基于血缘和地缘而世代传承着集体的价值追求和饮食起居的方式。这样一种文化体系传承数千年，其间蕴含着深厚的人文精神和科学精神。人文精神体现为一整套的人与人之间的礼俗规约，科学精神则体现为人与自然关系的和谐，即质朴的"共生观"。

然而，乡土文化在市场化、现代化的过程中逐步被边缘化。为了更好地进行文化传承，教育工作者需要对乡土文化资源进行深入解读和挖掘，进而开发乡土课程，服务于儿童有根的发展。乡土资源的开发是指对乡土文化资源较为系统的搜集、整理、归类，特别是把当地广为流传而尚无记载的口头文本、名人典故等及时转变为文字，不断挖掘其在课程建设中的价值。

作为一名在农村出生、农村长大的教育文化学领域的学习者和研究者，

---

① 费孝通.乡土中国[M].北京：外语教学与研究出版社，2012.

我对农村始终怀有一份特殊的情感。借助北京教育学院的协同创新项目得以与房山佛子庄乡中心幼儿园相遇，与佛子庄乡陈家台村结缘。从 2015 年 12 月的首次入园调研到 2018 年 12 月项目结束，与园所教师共同体验着乡民的生活，与此同时，走进教师的日常生活中，观察、体会并理解他们，进而建立起良好的关系来开展研究、推进实践。在这里，我既是一名田野研究者，也是一名项目合作者，随研究的推进而定位为协同研究，研究的问题是离开乡村生活的教师如何在外力（与教育学院的合作）推动下更自主地传承本土文化，协同研究的目标是园所乡土课程的建设。为了尽可能获得真实的资料，研究过程中尽量避免学院行政力量的干预，同时也按照园所的意愿来提供各种支持力量，并在行文中力求全面、如实地以时间为线索将之呈现给读者。这个过程既充满了对园所教师日常生活的丰富体验，更是对协同研究中各层关系的相互审视。借由这种审视来探讨园所乡土文化传承者所需要的支持力量。

第一节　走进"天梦之乡"
——房山佛子庄的二月二庙会

佛子庄乡中心幼儿园地处房山佛子庄乡陈家台村核心位置。汽车在 108 国道的盘山公路缓慢行驶时，远远便可望到蓝色小二楼凸显在村落瓦房中间。然而，想到达此处却要停下车向村民打听，在窄窄的由石头堆砌成的院墙夹成的小道中，再加上几个上下坡的颠簸，在怀疑是否有空地存在时，忽然"柳暗花明又一村"。来到宽敞的空地处，再穿过蓝色小铁门，清晰感受到幼儿园的气息，回忆起不久前课题申报书中杜园长的描述。

第一章

协同研究的初心——乡土文化价值重塑与乡土资源开发

"幼儿园拥有独特而又丰富的乡土资源:春季山花烂漫、有各种可以食用的野菜,秋季果实累累,盛产核桃、柿子、杏等特产;园所附近的银狐洞、真武庙、黑龙关龙潭等流传着远久的历史故事,山间河边形态各异的石头、天然环保的坝泥、树上裁剪下来的枝条等成为幼儿园装扮、孩子们玩耍的主要材料。因地制宜、抓准时机,这所幼儿园在近年来尝试探索乡土资源的利用与开发,从园所捏泥人、摘柿子、掰玉米等主题活动出发,不断积累着相关经验。"

——摘自双方合作完成的协同研究方案①

这构成了我对园所所处区域的初步认识。真实感受佛子庄乡的风土人情则源于 2016 年 3 月 14 日和幼儿园全体教师、幼儿参加佛子庄乡龙神庙庙会的盛大场景。在这里,初次和佛子庄乡人亲密接触;一所幼儿园和一所大学的协同研究团队在开阔而又深厚的历史文化背景中开启了行动之旅。

这一天,我和杜淑平园长及园里的全体小朋友和老师们顺着佛子庄乡黑龙关村外的龙潭岸边走到龙神庙入口处。回头望时,道路的另一边已经停满了来自十里八村的私家车、三轮车,远远看去望不到头。再向前走便是庙会门口。这里有一个吃斋饭的小餐厅,房间不大,男女老少端着粥,站着而又笑眯眯地品尝着,屋外的台阶上也挤满了人。杜园长个子高,利索地递给我和旁边的小朋友一碗。这是我多年来首次面对如此盛大而又充满欢乐气氛的早餐场面。吃过斋饭便拾阶而上。富有现代气息的村里妇女歌舞队即将演出,伴奏的是村里老艺人。小朋友围在一边,等待演出的开始。杜园长带我径直往里走,来到龙神庙正殿院——"四乡百姓祈雨的重要场所,自元代建成以来,京师每逢旱情,这里便成为朝廷及附近村民祈雨之地,龙神庙也因此名声大震"。门口简介牌上标注着《日下旧闻考》中所述的建庙原因:"在

---

① 项目实施方案初步完成于 2015 年 12 月底。

县西北十七里大安山之上，有龙湫，深不见底，相传有黑龙君居之。元至正十年（1350年）京师大旱，留首都事萨里墨色往祷，大雨霑足，于是依山为坛，因坛为庙。建正殿三间，建钟楼二楼，院内植四棵古柏，外为山门，设栏盾临潭上，庙中塑龙神像。"跨过门槛后，清代雍正御笔赐正殿匾"甘泽普应"映入眼帘；整体看来，院内为三合院结构，院中有元代创建碑和清代修碑。杜园长从人群中挤到了中正殿门口，我紧随其后，这里的道士正在主持祈雨仪式，门两边写有乾隆皇帝所赐的"御四海济苍生，功能配社；驾六龙享庶物，德可参天。"殿中间是龙神爷和龙神奶奶塑像。"据说他们有七个儿子——赤、橙、黄、绿、青、蓝、紫七种颜色，每当求雨或庙会，七个龙子都要前来敬香；龙神奶奶娘家是门头沟斋堂地区。这里的人只要看到两个头戴青枝绿叶柳条圈的老人，就烧香八拜并说'老姑爷子！慈悲慈悲吧！给下点雨吧！'斋堂沟就会下雨。"这个传说以及庙会中呈现的一切在幼儿的世界中是神奇的，使他们的体验与久远的历史建立联系，打开了认识世界的又一扇窗户。

第二节　一方水土养一方人

"一方水土"意指特定区域内的人们在长期的生活中所形成的独特文化，"养一方人"则指的是区域文化（民间文化）对人的反哺；"水土"对当地人的生命成长有着不可取代的价值，这需要从人类发展史中去审视。

人类历史之初，为人类生存提供便利工具的"神农氏""燧人氏"不断使"天象与地形在人们心目中形成时间与空间的框架"①，各民族的创世说及神话帮助人类对宇宙及人类来源有了最初认识。此后，各历史时期的民众

---

① 葛兆光.中国思想史（第二卷）[M].上海：复旦大学出版社，2009：20.

第一章
协同研究的初心——乡土文化价值重塑与乡土资源开发

把生产、生活经验通过口头形式的故事、谚语、民歌代代相传。随着私有制产生，人类最初的观念在统治阶级和被统治阶级之间发生分化；"学在官府""官守学业"的社会制度下，统治阶级和下层人民有不同的教育体制，精英知识体系不断形成。尽管近代以来科学技术获得日新月异的发展，精英知识得以更广泛地传播，大众教育成为时代发展趋势，但一直以来在"人类意识最底层"形成的没有阶级之分的思想依然被遮蔽。事实上，正是这种思想构成了近代以来科学思想的"终极依据"，使"人类生活获得一种稳定感"[1]。人类的幸运就在于这种思想依然存在于各民族的民间文化中，尤其是民俗事项中，并通过家庭启蒙教育、家族祭祀、人生礼仪以及掺杂其间的说唱艺术传流至今。其中，仪式所具有的象征意义构成民间文化的核心，构成古代中国思想的根基——追求"涵盖天人的秩序观念及内在主义的整体观念"[2]。钟敬文先生在对民族文化的三分法中大体界定了民俗或所谓"民间文化"的内涵和外延，指出民族文化分为上层文化、中层文化与下层文化。……下层文化是广大人民所创造和享有的文化。这三种文化，各有自己的性质、特点、范围、结构形态和社会功能，彼此之间有相互排斥的一面，但由于同在一个社会里存在和发展，所以彼此之间又有相互关联、相互影响的一面；下层文化是整个民族文化的基础，是"活文化"，具有较大的稳定性。石中英则认为正是下层文化能衍生出大量教育习俗——由广大劳动人民在长期的教育活动中所创造、传承和享用的教育方式、手段、制度、谚语、故事、诗歌、仪式等的集合体，这些教育习俗是绵延不绝的民间教育智慧，是鲜活的教育文化遗留物。

中华民族在长期历史过程中形成了多元一体的文化格局，少数民族与汉族人民在历史的相互交往中形成了同中有异、异中有同的民间文化。有学者

---

[1] 葛兆光. 中国思想史（第二卷）[M]. 上海：复旦大学出版社，2009: 20.
[2] 葛兆光. 中国思想史（第二卷）[M]. 上海：复旦大学出版社，2009: 29.

指出彼此之间的关系为"多元一体,体中有核;一核多元,多元一核,相互生成,永不枯竭;多元互动,中和位育,相互尊重,相互制约,美美与共,良性和谐"①。多元即指各民族文化因自然环境、生产方式的不同而呈现出的巨大差异性。这种差异性具体体现在三种文化形态——物质文化、制度文化、精神文化中。其中,精神文化,即人民在生活中形成的各种意识或思想观念,更直接地体现了民间的教育意识或观念,如婚姻观、生死观、交友观等;物质文化和制度文化作为精神文化的基础和表现样式,间接体现了这些观念。三者共同影响着当地民众的日常生活,进而对个体或群体成长发挥了决定性作用。

例如,我国人口较少的东乡族蕴藏着丰富的民间文化:当地民谣"阳山里长的是松柏树,阴山里长的是冬青。穷人的尕娃里出能人,马穆哥是山里的鹞鹰";东乡族的鸡尾宴是一种十分严格和讲究的习俗,它说明东乡族人特别重视礼貌和自身尊严;吃平伙习俗——雪天农闲时节,十几个情投意合的小伙子聚集一起吃平伙,宰羊炖肉,大家边吃边聊,海阔天空,其乐融融。丰富的民间故事反映了东乡族人民对自由、永恒、真理的向往。东乡族各种习俗中蕴藏着东乡族特有的道德观念形成教育、道德自省教育、家庭观念形成教育、勤俭观念形成教育、处事观念形成教育、宗教观念形成教育等,这构成东乡族教育中特有的教育理念。再如,哈萨克族是一个极为重视礼仪的民族,认为"以礼相待,人间常识"。哈萨克族人在不同场合的言行遵照不同的礼仪,如"您是尊敬之言,朋友间不可少","姑娘出嫁可以没有彩礼,但不能没有礼仪","在生人家里要讲礼貌"等。他们对礼仪的重视系统体现在从出生到死亡所经历的一场场礼仪中:诞生礼仪中的满月礼和摇篮礼、骑马礼、女孩的戴耳环礼和男孩的割礼、婚礼、葬礼。人生礼的举行是

---

① 吴明海.一核多元、中和位育——中国特色多元文化及其教育道路之初探[J].民族教育研究,2014(01).

个体逐步实现社会化的过程，仪式不断把社会规范内化为个体的生活伦理、行为习惯；这种规约亦体现在丰富的口头文本中。

被誉为"天梦之乡"的北京房山区的佛子庄乡，也是民俗文化之乡。"这里有流传数百年的黑龙关龙神庙庙会、真武庙庙会以及20余档民间花会。2009 年，北窖村狮子会、灯花会、银音会、大鼓会、吵子会入选房山区非物质文化遗产名录；同年 11 月，北窖村狮子会入选北京市第三批非物质文化遗产名录。"[①] 这些民俗既是佛子庄乡人生活的重要组成部分，也滋养着现代人的精神生活。

第三节　幼儿园对乡土文化及乡土课程的理解

幼儿园对乡土文化及乡土课程的理解指向于实践，因而与学术中对乡土文化及乡土课程的研究有不同的指向、分类及特征。就乡土文化而言，园所认为"幼儿园所在的文化区域就是乡土；乡土等同于我们每个人的家乡"；乡土课程则被认为是"把利于幼儿身心健康发展、社会情感养成等优质资源纳入教育教学内容而形成的具有独特的地方特色的课程"[②]。具体如下。

乡土文化，当然是在这片乡土上所呈现的文化，是在一定的自然生态环境和社区历史沿革过程中，积淀下来的生活智慧。俗话说，一方水土一方人；我们也可以说，一方水土一方文化。有生活的地方，就有文化，而自然生态环境不同，人群不同，文化就不同。我们在说乡土文化的时候，说的就是，

---

① 杨生军等. 天梦之乡佛子庄 [M]. 北京：中国书籍出版社，2014:2.
② 摘自房山佛子庄中心园园长杜淑平 2016 年"乡土文化与乡土课程释义"稿件。

在家乡这样的自然生态环境中生活的我们这一群人,在历史沿革中承袭下来的这样一种存在方式,以及这种生活方式的形态和特点,包括物态文化、制度文化、行为文化和心态文化。当然,在积累下来的文化中,既有精华,也有糟粕。因此,我们编写乡土课程就要有取舍选裁。我们要传承的,是文化中的精华,它应该是代表本地生活智慧的、进步的、活着的且富有生命力的,能够推动我们今天的生活持续发展的那些东西。

乡土课程需要全方位地表现一个区域的乡土文化,特别是这片乡土中的文化精神。在编写乡土课程的时候,需要建立一个文化框架,这个框架里应该包括这个区域的自然生态环境和历史与生活方式,各种物质的和非物质的文化遗产,以及代表本地特色的文化符号等内容。我们编写乡土课程,有一个最简单明确的目标,就是要将乡土文化作为一种课程资源推进课堂,我们希望幼儿园的一日生活里有乡土文化内容。因为乡土文化是"根"的教育,是最基本的情感态度价值观建立的土壤。一个没有乡土文化作为自己发展底蕴的人,就是一个无根的人;而一个无根的人,无论他的学习成绩有多好,考试分数有多高,他的内心永远缺乏自信心的支撑,脆弱和自卑会长久地深埋于他的心中,这就注定了他飞不高也走不远。根,是每个人自信力量的源泉。

其实,对"根"的追求和保护一直是我们人生中最重要的内容。如古代人能背出自己七代以上长辈的姓名和身份,甚至有的人能够唱念出二十多代祖先的名讳和身份,这可以算是个"根文化"的典型例证吧。现代的孩子们,对家乡的历史沿革、风土人情、文化背景等了解几乎为零,急需乡土课程补足缺憾。有根的树会枝繁叶茂,有根的人才能内心强大健康成长。

学习是一个认识和选择的过程,也是一个不断认识自己、发现自己和选择自己方向的过程。我们编写乡土课程,推动乡土文化进课堂,就是希望为幼儿提供多一些学习资源，也让他们多一些选择。幼儿在向家乡学习、向生活学习的过程中，不仅发现家乡，更可以发现自己，进而能以家乡文化作为自己的成长资源，努力地成长为一个最好的自己。

我坚信，在教育学院专家团队大力支持下，我和我的老师们一起行动，共同发掘、传承、传播优秀乡土文化，支持美丽乡村、生态环保、非遗传承、文创旅游事业综合建设，让孩子们从小在家乡文化中成长，将来成为有自信、有见识、有能力的建设者，把家乡建设得更美丽富饶。

杜淑平
2016年5月9日[①]

因地制宜开发乡土课程

著名教育家陈鹤琴先生指出："幼儿园课程要以大自然、大社会为活教材，引导幼儿从广阔的自然界、纷繁的社会生活中学习各种实际的、活生生的知识。"带领孩子们走进大自然，实现活教育。我认为幼儿一日生活中所有发生的，不论是观察、社会实践、教育活动，还是区域活动，这些统统都是课程，符合自己本地区特点的活动内容，就可以算是乡土课程。我觉得可以从以下三个方面构建自己的乡土课程：

一、结合四季开展的系列活动

1. 春季带孩子们犁地、播种、挖野菜、摘柳芽等。

2. 夏季带孩子们和泥、玩泥巴。

3. 秋季带孩子们走进田地、果园，和农民伯伯阿姨一起采摘果实，体验劳动的辛苦与快乐的同时，认识了金灿灿的玉米、沉甸甸的谷子、红红的高粱、饱满的豆类等。和孩子们一起摘柿子、漤柿子、制作柿子脯等。

[①] 摘自杜淑平2016年5月9日《基于幼儿社会性发展的乡土课程资源开发》协同创新项目阶段性总结。

4. 白雪皑皑的冬天，我们带孩子们打雪仗、堆雪人，感受冬的诗意。

二、充分利用自然资源，整合家庭、社区资源，为孩子们提供丰富多彩的操作材料开展的各种活动

1. 利用本地的红黏土，用油和了之后，和孩子们一起开展泥塑活动。

2. 利用山上的硬灌木制作高跷，训练幼儿的平衡能力。

3. 利用废旧桌椅腿制作的管编钟。

4. 臭椿的果实去掉外皮，中间穿孔，投放到活动区，孩子们进行串珠。

5. 将高粱秆、玉米皮投放到美工区，孩子们用它粘贴画。

6. 带领孩子们到河沟拣石头，洗干净之后，进行装饰石头、制作石头画等。

三、挖掘民间资源，开展游戏活动

挖掘适合幼儿的本地民间游戏。如滚铁环、推小车、踩高跷、跳绳、踢毽子、投沙包、跳皮筋、玩泥巴、跳格子、走迷宫等。

杨红梅①

经过协同研究成员的互助以及全国乡土教材会议的参加，杜园长及教师对乡土文化有了更深的理解。

杜园长认为乡土文化是家乡人的生活智慧，幼儿园乡土课程之根本目标在于传承家乡的精神，培养有根的新一代；乡土课程的建设需要一个"文化框架"并尝试指出框架的内容，如家乡自然与历史、物质和非物质文化遗产等内容。园所的这一理解是协同创新项目《基于幼儿社会性发展的乡土课程资源开发》这一项目的认识基础，也是理论研究者和幼教行动者合作的重要起点。

---

① 摘自杨红梅2016年6月11日的协同创新项目"对乡土文化及乡土课程"理解的作业。

第一章
协同研究的初心——乡土文化价值重塑与乡土资源开发

乡土课程是"活的教育课程"

著名教育家陶行知、陈鹤琴、张雪门等明确地提出了"幼儿园活动要以大自然、大社会为活教材""生活即教育""教育是从生活中来,从生活中展开"的观点。我园地处农村,有丰富的自然资源和社会资源,有着广阔的自然天地,与生活在城市的孩子相比我们更加能够发掘出有价值的教育资源。

我国的地域特点适合开展乡土社会实践活动,更重要的是教师、家长条件适合开展乡土社会实践活动。我园的教师、家长都是本乡本土出生,对家乡的一草一木都有深刻的感情。从资源入手,便于教师开展工作。教师在发现问题、研究问题、解决问题的过程中,致力于探索基于佛子庄乡乡土文化的课程,提升借助乡土文化资源的整合创设幼儿园主题活动的能力,促进幼儿交往能力和社会适应能力的提升,为幼儿一生发展奠定坚实的基础。

一、对课程的理解

自从在北京教育学院杨博士的带领下开展"基于幼儿社会性发展的乡土课程资源开发与利用"课题研究以来,我对乡土课程有了进一步的认知。课程是帮助幼儿把原有经验提升梳理为新经验的过程。

以往也曾开展乡土的社会实践活动,如挖红薯、摘黄豆、种菜,但是从组织者的思想意识里注重活动形式,为了拍照留资料,活动目标停留在让幼儿参与劳动,体验快乐,没有认真思考过组织活动的真正意义在哪里。杨博士带领我们做课题,让我认识到如何把乡土活动做成课程,组织者要根据幼儿的年龄特点、领域目标制定方案、制定目标,在方案的指导下完成课程组织工作。

二、最欣赏哪一类的乡土资源

我最欣赏乡土的社会实践活动课程。

社会实践活动是幼儿园教学活动不可缺少的内容,是幼儿吸收新知识、发展智能的重要途径。社会实践活动不仅为幼儿提供了一个发挥自我才能,展现自我风采的舞台,也是培养和锻炼幼儿综合能力的一个阶梯;它不仅充实了教学内容,活跃了教学气氛,拓宽了社会视野,使幼儿掌握了实践技能,学到了许多书本上学不到的知识,同时也缩短了理论与实践的距离,是一个让幼儿接触社会的"演练场地"。因此,我们通过挖掘丰富的乡土社会实践活动资源,制定合理的活动方案,让幼儿接触自然、融入社会,给幼儿一个平台,促进幼儿社会性发展。

目前,对乡土社会实践活动的构思和实践:

(一)外出参观活动

1. 组织幼儿挖野菜:挖苦麻菜、摘柳芽、采薄荷。

2. 参观农民伯伯种地。

3. 到小朋友家里体验种植。(大班:到孙意博家里体验种植)

(二)观赏活动

1. 中小班组织到陈家台村小公园赏花。

2. 春季开展"寻找春天"的实践活动。

3. 秋天开展"家乡的秋天"实践活动。

4. 利用陈家台村植物资源开展观赏活动,如:观赏杏花、桃花,观察柿子、核桃的生长变化。

(三)外出实践活动

1. 摘柿子(曾经开展过活动)。

2. 采摘桑葚(计划开展)。

3. 摘酸枣(计划开展)。

4. 拾核桃活动(9月份计划开展)。

(四)采摘活动设计

1. 陈家台葡萄园采摘活动(亲子)。

2. 贾峪口村白海棠采摘活动(计划活动)(亲子)。

三、如何把乡土资源主动用到教育活动中

（一）收集与分类

1. 自然资源的利用

幼儿园近几年已经着手开展，如：泥巴活动、石头画、乡土自然物环境创设活动等。

2. 山乡特产资源的利用

幼儿园小菜园种植、管理。大班开展的制作潵柿、制作柿子干、柿脯活动。

3. 家乡风俗。佛子庄乡二月二龙神庙庙会（在杨博士带领下开展课题研究工作）。

（二）根据季节和幼儿兴趣开展适宜的乡土实践活动。

（三）家长资源的利用。

1. 种植园里的家长志愿者。

2. 泥塑亲子活动。

王玉平[①]

王玉平老师正是以理解本乡本土文化作为理解乡土课程的基础。乡土课程是向幼儿传承本土文化的最佳方式，也是乡土文化在现代社会彰显巨大价值的不可或缺的途径。建设乡土课程既是幼儿教师义不容辞的责任，也是教师充分理解自我和他人的根本需求。

两位教师对乡土文化及乡土课程的理解不同于基于历史资料分析的学理性理解，具有一定的实践指导意义，但需在今后的协同研究中不断提升，进而充分认识乡土中蕴含的人与自然、人与人、人与自我等生活智慧，进而在乡土课程建设中渗透"乡土"的内在精神，而非表层的形式。

---

① 摘自王玉平 2016 年 6 月 11 日的"对乡土文化及乡土课程"理解的作业。

幼儿园乡土课程文化建设协同研究

第四节 幼儿教师——乡土文化传承的主体

幼儿教师是幼儿成长的引路人,是幼儿生活中不可缺少的伙伴,更是向幼儿不断传播优秀的乡土文化的主人。对幼儿而言,"大自然、大社会都是活教材",① 幼儿教育与生活紧密相连,一日生活皆教育,一日生活皆课程,饮食起居中蕴含着教育的最佳时机。然而,生活总受制于具体的文化形态,家庭生活中的吃穿住用行、社区和社会生活中的交往与活动都是特定区域中物质文化、制度文化、精神文化和行为文化的具体表现;而幼儿是当地文化中年龄最小、最敏感的体验者、学习者、传承者和创造者。幼儿的这一特点决定了幼儿教育者所应担负的文化使命。

幼儿教育作为一种职业是幼儿教师生活的重要组成,但幼儿教师作为完整的个体,也享有个人的家庭生活以及公共领域的社会生活。不同的生活领域使教师置身于不同的文化背景中,教师通过文化习得和知识分子的理性思考能力与所处的文化环境互动。当代社会,传统文化与现代文化、本土文化与外来文化并存,这对幼儿教师过一种什么样的生活提出了挑战。从职业生活来看,自觉从各种文化样态中汲取精华并转化为幼儿园、社区的教育内容成为幼儿教师面临的紧迫任务。为此,幼儿教师首先需要了解自己和幼儿所处区域的文化,特别是民间歌谣、谚语、故事等丰富的口头文本和生活习俗,对此进行分类、整理并转化为生动的课程,促进幼儿快乐成长的同时传承民族与社区的优秀传统,做本土文化生活的主人。其次,幼儿教师要勇于成为跨文化生活的体验者和学习者。现代社会中,不同民族间的往来日益频

---

① 陈鹤琴. 陈鹤琴"活教育"幼儿园教师实用手册[M]南京:南京师范大学出版社,2017:10.

繁，跨文化交往成为日常生活的必要组成，而交往需以尊重对方的礼仪和生活习惯为前提。幼儿教师在跨文化的生活中不仅能够返观自身——深刻理解本土文化，更能形成解决问题的新视角和新方式，在差异体验中提升教学的创造性，帮助幼儿在人生之初体验更广阔的文化生活。再次，幼儿教师要对不同样式的文化加以整合并使之与班级文化或园所文化有机融合。文化是一所园的灵魂，园所的文化建设源于教师自下而上的努力；反之，优秀的园所文化滋养着每一个教师的成长。最后，幼儿教师应逐步从文化自信走向文化自觉。幼儿教师作为一个职业群体拥有独特的文化精神，如内外兼修、兼容并包。自信意味着高度的职业认同，由此才能自觉担当重任。自觉担当文化使命既是幼儿教师胜任职业角色的前提，也是幼儿教师正确选择自我生活方式的必要条件。

第二章
协同研究的开始
——研究共同体的逐步建立

第二章
协同研究的开始——研究共同体的逐步建立

在明确学术中"乡土文化"的概念及乡土文化在幼儿教育中的巨大价值之后,在对房山佛子庄中心幼儿园园长的乡土课程建设基础深入了解的基础上,与"基于幼儿社会性发展的乡土课程资源开发与利用"相呼应的选题逐步形成——《乡土视野下幼儿园课程文化建设研究》,与此同时,新研究成员的加入拓展了研究团队,为着共同的目标,研究共同体逐步形成。

第一节 三级联动形成的研究共同体

一、"研究"的溯源

研究之本意在于钻研和探索,穷根究底。对其内涵的理解需要上溯到古希腊对哲学的理解及我国古代对学与思关系的理解。古希腊哲学在于对万事万物的存在进行本原的思考和探索。亚里士多德认为,哲学始于惊讶。"人类由于惊奇而开始有了哲学的思索,起先是惊奇于一些明显可见的困惑,然后是对一些较大的事物也起了疑惑之心,例如对于月亮和太阳的变化,对于星辰以及宇宙的起源等等。"[1]哲学本身蕴含研究之意,即人们对生活世界的认识与思考。在我国,教育家孔子提出"学而不思则罔,思而不学则殆",这句话阐述了学与思的密切关系;《中庸》里强调"博学之,审问之,慎思之,明辨之,笃行之",这意味着为学不仅要广泛汲取知识,以开放的胸襟

---

[1] 亚里士多德. 形而上学[M]. 北京:中国人民大学出版社,2003:122.

和视野来不断滋养好奇心,更要通过追问、怀疑来谨慎思考和交流,最后再通过行动去验证。所以,在我国古代哲学思想中,学习与研究是相统一的过程。尽管古代研究常常借助于直观想象、推理、思辨等方法,但却揭示了研究之本意和价值。

近代以来,随着科学的进步和人类社会的不断发展,研究开始出现了异化。当社会发展到需要专门从事具体学科或领域的研究时,研究开始被格式化或固定化,研究开始脱离于实践,作为研究结论的理论与实践之间有了不可逾越的鸿沟。关于理论,解释学代表人物伽达默尔追溯了其词源,在希腊文中最初的意义是作为一个代表团或团体的一员参与某种崇奉神明的祭祀庆祝活动。在这种参与活动中包含着静观中的沉思默想。"理论乃是真正参与一个事件,真正地出席在场。"[1] 理论研究本是生活实践中的活动,是人们深刻体现实践意义的生活方式。脱离实践的研究只能是一种伪理论。伪理论的产生源于现代科学的发展对人丰富生活的遮蔽,源于科学知识凭借隐性技术而产生的霸权力量压制了多样的知识形态。这就导致两个结果,一方面理论研究者缺乏丰富的实践生活的滋养而失去生命力;另一方面实践工作者在纷繁琐碎的工作实践中失去了研究的勇气和意识。

教育研究是教育活动的固有品质。[2] 在人类产生之初,生存和生活促使教育伴随着对未知领域的探索过程,这一探索过程显示了教育学术研究的探究品格。[3] 近代以来的教育学学科研究,特别是理论研究,主要是针对一个特定的问题而展开的规范性研究,对研究思路和研究方法的要求极其严谨,研究成果常常具有普遍性,这种研究在一定意义上是对源于生活问题的教育学术研究的基础或有益补充。换句话讲,具有实践指向的教育学术研究与教

---

[1] 宁虹.教育理论与教育实践的本然统一[J].教育研究,2006(4):12-17.
[2] 刘旭东.教育的学术品格与教育理论创新[M].北京:中国社会科学出版社,2017:3.
[3] 刘旭东.教育的学术品格与教育理论创新[M].北京:中国社会科学出版社,2017:4.

育学学科范围内的理论研究相辅相成，相得益彰。教育研究发展至今，需要不断追问研究的本来意义，源于生活实践的研究才有可能赋予教师饱满的工作热情和职业幸福，才能更好地成就教育的发展及教师的自我成长。这也是现代教育理论发展的根基。

二、三级联动中的"协同研究"

教育活动具有鲜明的文化品格，是在特定文化背景下展开的探索活动。与此相应，教育研究过程需要尊重教育与文化之间的关系，以民族文化、地域文化作为教育研究的出发点和归宿。

"协同研究"概念的提出首先源于北京教育学院的"协同创新学校计划"。该计划的提出及实施以"创新、协调、开放、绿色、共享"为发展理念，以北京市中小学、幼儿园的发展需求为出发点，以行动研究①为基本方式，以问题的解决为基本任务，以多主体——学生、教师、培训者、学校的共同发展为根本指向。协同创新项目作为北京教育学院"3+N+1"培训项目中的"1"，与其余项目有共同的特色，即协调学校或幼儿园与区域（北京十六个区）、高校之间的发展资源，通过校、区、市三级机构的教育者组建的教育团队的合作来实现成果共享。

协同研究是为了"协同创新学校"的顺利开展而提出的研究形式。研究的主题取决于高校教师与区级、校级教师就学校发展中遇到的关键问题的协商，研究的视角指向于理论和实践两个维度，研究过程中采用教师行动研究和文献研究、田野研究等方式，研究成果因研究主体不同而有不同的形式，但却是密切关联的一系列成果。协同研究中的多主体在协作中取得共同的发展。由此看来，协同研究是源于生活实践的研究，理论的建构源于实践中

---

① 玛丽·路易丝·霍莉,乔安妮·M.阿哈尔,温迪·C.卡斯藤.教师行动研究[M].祝莉丽,张玲,李巧兰译.北京：中国人民大学出版社,2017:5.

的丰富资料，而非书斋中的"闭门造车"，因而可以直接服务于一线教育实践的需求，并不断提升其理论高度和认识视野。

三、"协同研究共同体"的形成

（一）"协同研究共同体"的内涵

共同体是指拥有共同价值观、信仰和理想的群体。"研究共同体"特指"协同研究"中由学校或幼儿园教科研教师、区级教师进修学校的教研员以及普通高校和成人高校的教师因某个共同的研究主题而自愿形成的、有组织且有依托的管理机构的研究团队。其中，三级研究主体在研究中分工明确。高校教师负责帮助学校教师聚焦研究问题、搭建研究框架、设计研究思路、选择研究方法、拓展理论视野；为了这一任务的完成而从理论高度产生个性化的与主题相关的研究问题，形成自己的研究课题。区级教研员是研究团队中的"文化协调员"。教研员既是区域文化的传承者，也是园所教研文化的引领者，在推动幼儿园文化建设、课程质量提升以及行动研究有序开展的过程中发挥至关重要的作用。幼儿园的科研教师负责园所行动计划的制定和调整，教研教师则是行动方案的实施者和反思者，借助教研活动对实施过程中的问题进行深度思考与探索。研究共同体的形成根源于幼儿教育问题的复杂性。幼儿园教育与家庭教育、社区教育密切关联，家庭与社区是幼儿成长的起点；幼儿园教育深受区域物质文化、区域教师培养制度以及教师继续教育品质的影响。因此，基于幼儿园"小问题"而开展的大研究从根本上推动学前教育本土理论的建构和实践品质的提升。研究共同体的发展需要以尊重不同主体的文化差异为前提，求同存异；同时，不断提高文化自信心和自觉性，积极主动地迎接跨文化生活，营造教育研究的新生态。（请见图1）

第二章
协同研究的开始——研究共同体的逐步建立

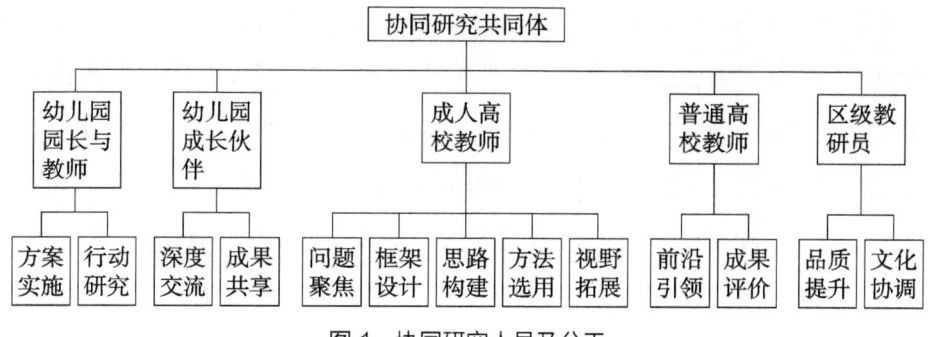

图 1　协同研究人员及分工

（二）"协同研究共同体"的行动

在"协同研究"之始，学校或幼儿园园长、区级教委或教研机构负责人、高校管理者三级主体需要通过三方对话来确定共同的研究主题，从而使三级机构的教师以共同的研究兴趣而组建成研究团队。"基于幼儿社会性发展的乡土课程资源开发与利用"协同创新项目最初组建的团队核心成员有：高校教师负责人杨瑞芬（李丰是项目初建时的负责人）、幼儿园负责人杜淑平、区级合作教研员黄丽。这是第一步行动。

第二步，高校教师入园进行深度调研。2016年1月8日，北京教育学院学前教育学院教师霍琳博士、闻莉博士、李丰副教授以及负责人杨瑞芬博士入园开展调研，通过参与性观察法、结构性访谈法等收集幼儿教师目前开展乡土教育活动的素材；同年2月26日、3月10日，幼儿园负责人杜淑平组织教研团队以"龙神庙庙会民俗知识知多少"主题进行调研。3月14日，杨瑞芬和杜淑平及全体教师、幼儿体验龙神庙庙会活动，借助录音笔和摄像机收集活动素材。

第三步，双方共同分析调研结果，共同撰写第一学期行动研究方案（详见附录一），确立行动研究单元和开展行动研究的形式。2016年4月8日，杨瑞芬、李丰和幼儿园骨干教师以"龙神庙庙会活动回顾与反思"为主题进行研讨，确立小、中、大班幼儿社会性发展的关键词，预设行动研究目标并设计庙会相关的乡土主题活动和游戏。"行动研究单元"这一概念的提出有助于幼儿园教师通过行动方案的设计、实施、反思、研讨、调整、再实施等完整的研究过程来掌握行动研究的要领；行动研究单元可以与幼儿园的月主题或季度主题相联系，也可以与双方根据园所急需的问题设计主题，但所有的主题都是"基于幼儿社会性发展的乡土课程资源开发与利用"的子主题。如：为了促进教师乡土环境创设能力的提升而开展"色彩与造型"行动研究单元主题；为了以陶艺活动推进乡土主题活动和区域活动的全面发展而确立"乐淘淘"行动研究单元。

第四步，高校项目负责人根据幼儿园行动研究开展过程而高屋建瓴地进行理念的引领和框架的搭建与完善。如，针对幼儿园教师对"乡土文化"理解的调研结果确立个性化的协同研究子主题——"乡土视野下的幼儿园课程文化建设研究"；根据园所发展需求，初步建立乡土课程框架——小农民的四季生活（人与自然的关系）、小农民的礼仪——家乡习俗（人与人的关系）、小农民的休闲生活（人与自我的关系）、小公民的基本常识（人与祖国的关系）。

第五步，高校负责人、园所负责人和区级教研员就行动研究的效果进行定期交流，同时建立园所之间的深度合作。如，三教寺幼儿园和房山佛子庄幼儿园从园长的文化引领、副园长的"教师学习共同体的建设"以及"科学领域活动的设计"三个层面进行持续性的交流与学习。由于2017年第一学期主要时间在三教寺幼儿园学习，这所园便成为协同研究中的另一个重要田野点，这不仅壮大了"协同研究团队"，更使成员之间的关系更加紧密，学习和研究的空间得以不断拓展。

第六步，协同研究进程的年度推进以及"研究共同体"成果的梳理和完善。2018年12月，持续三年的协同研究——包括协同创新项目以及与之相

联系的研究课题同时结束，幼儿园、区教研员、高校教师在互助中取得了丰硕的成果。（详见附录七）

第二节 研究中学术逻辑和实践逻辑的相遇

行动研究是实践者在行动过程中进行研究，其价值在于推动与改善教学实践，因而首先需要尊重的是实践者的行动逻辑或实践逻辑；同时，行动研究作为一种研究范式，必然需要在一定程度上遵循研究的逻辑。高校教师深入一线的研究具有服务于实践和推动相关问题的学术研究的双重目标，因此，在协同研究中学术逻辑和实践逻辑需要彼此协调与平衡。

一、行动研究

房山佛子庄中心园乡土课程建设中的协同研究主要采用了行动研究（幼儿园教师）和田野研究（高校教师）两种研究范式。

（一）教师行动研究的内涵

行动研究不同于理论研究者严格、系统的专业研究，是基于教师生活和学生生活而开展的研究，其意义在于教学生活的改进。教师在研究中行动，行动中研究，运用叙事性的记录方式来加以阶段性地呈现研究结果。具体而言，教师在学校日常的教学行动中基于参与式观察、学生作品分析等方式，借助前期调研、设计实施方案、集体研讨、多级评价（前期测验与后测测验的对比）、教学方案改进等环环相扣的研究过程来使教学和研究相统一。行动研究不仅有助于教师探索适合不同类型学生的教学方式，更有助于丰富教学内容，更新教学评价理念，赋予教学以挑战性和探索性，在迎接"偶然性"中生成个性化的教学机智并获得一种充满智慧的成长。① 同时，教师也根据研究的需求和个人的兴趣不断吸收前沿的教学思想成果来拓展自己的研究视野。总之，教师行动研究特指在教学中具有明确的研究意识、掌握一定的研究方法，针对阶段性的教学问题在工作实践中持续开展研究，并最终通过对叙事性的记录资料加以整理、分析，提炼出个性化的教学思想。开展行动研究的教师既需要传统教师的专业精神，更需要具有探索精神。行动研究的能力始于职前教育中的培养，伴随职后教育和个人长期的教学实践而得以不断发展。

（二）教师行动研究的特点

1. 意向性

教师行动研究基于教学实践展开，根据个人或教研组教学需求确定研究问题，具有明确的指向性，因此教师研究的首要特征是意向性。

2. 系统性

教师行动研究需要在教学过程中通过多个行动研究单元来追求研究的持续性和整体性，因而系统性是教师研究的又一特征。

3. 公开性

教师的行动研究成果直接体现为教学的有效性和学生学习品质的提升，因而教师研究具有公开性的特征。

4. 自愿性和伦理性

教师行动研究作为一种特殊的研究，需要遵循研究的自愿性和伦理性。教师的每一次教学改革都深刻影响着学生的身心发展，改革需要基于审慎的思考和深度的学习，需要借助前人的已有研究成果，特别是脑科学、教育心理学方面的最新成果，以尊重学生的身心成长规律为第一原则。

---

① 刘旭东.教师的研究：意义、形态与策略［J］.教师教育,2009(4):21-26.

（三）教师行动研究的内容

教师行动研究的内容主要指向于教学物质载体、教学制度及教学生活方式三个层次而展开。第一层次是指教师能够在熟悉学校或幼儿园已有课程及其活动材料、教材的基础上研究教学内容，努力从生活中挖掘优秀教学资源；第二层次指教师能够不断研究教学手段、教学策略与游戏指导方法及学校或幼儿园相应的教学制度，从对教学内容的关注逐步转变到对学生生活情境的深刻理解中；第三层次指教师从具备研究意识到形成研究习惯，最终形成自己的教学生活方式。此时，教师能够把职业理想和生活实践紧密结合起来，在追求自身专业发展的基础上去创造师生或师幼共同的幸福生活。

教育与生活是有机融为一体的，二者共同滋养于深厚的文化土壤中，教师行动研究正是从特定的文化背景中来理解课程、改进教学方式，进而在教育行动中更好地践行"课堂回归生活""生命课堂"[1]乃至"生命教育"[2]等以人为本的教育理念。

（四）幼儿教师开展行动研究的必要性和可行性

在过去的教学传统中，着重强调幼儿教师的职业道德、专业知识、专业技能、专业精神，而忽略了幼儿教师作为完整个体对生活所持有的个性化追求。行动研究重视教师对生活世界、知识形态及工作环境等的理解与探索，赋予幼儿教师在幼儿园生活乃至整个生活中更多的自主性。幼儿教师的职业特点决定了行动研究对于幼儿教师专业发展的适切性。

其一，幼儿教师在广阔的生活中开发课程资源，探索性地为幼儿设计各类活动。"生活世界是一切人生活动包括科学研究的基础，它的存在使人生获得了意义，拥有了意义"[3]，胡塞尔对生活世界的界定为幼儿教师平衡个人

---

[1] 王鉴.课堂重构：从"知识课堂"到"生命课堂"[J].课程理论与实践,2003(1):3-6.
[2] 冯建军.生命与教育[M].北京：教育科学出版社,2004:24.
[3] 刘旭东.教育的学术品格与教育理论创新[M].北京：中国社会科学出版社,2017:132.

生活和教学生活提供了强有力的支撑。幼儿教师置身于丰富的生活世界中来从事自己的教学工作。个人生活是教学生活的基础,丰富的生活体验是教学的源头活水;反之,基于研究而开展的教学生活拓展了个人的生活世界,有助于提升幼儿教师的生活品质。

其二,幼儿教师在教学中自发或自觉建构个性化的知识体系。实践性知识对幼儿教师具有极其重要的价值。工业化以来的"现代知识型"追求知识的客观性、普遍性、中立性;而基于对现代知识型的反思和批判所提出的"后现代知识型"强调知识的价值性、生成性、情境性。[①] 我们的时代处于由工业社会向信息社会的转型中,工业知识形态(现代知识型)与后工业知识形态(后现代知识型)并存,二者相互交织共同影响着教师的知识观。幼儿教师需要澄清各类知识的使用价值。后现代知识型对生活情境的强调有助于幼儿教师由实践出发生成个体知识或个人适用理论,而这类知识是幼儿教师成就个人教学风格的根本,也是行动研究有效开展的基础。实践性知识中包含的自我认知、情境认知、工作信念及策略性知识等不断调整着教师在行动研究中的状态和方法,这些知识也始终伴随着教师的教学工作,并对其有深层的影响力。

其三,幼儿园的物质文化、制度文化及精神文化是幼儿教师开展行动研究的文化土壤。物质文化指环境设计、教学设施、教学文本、学习笔记等,这为教师行动研究提供有力的工具和良好的工作环境;制度文化既是教师研究得以开展的基础,同时又激发教师对教学已有规则及方法的反思;精神文化内含幼儿园的核心价值观,体现着幼儿教师的价值追求,影响着教师的教学观、学生观,促使教师更加自觉、自信地踏上"研究"之路。幼儿园文化中渗透着地方文化、中华民族传统文化乃至世界范围内的多种文化样式,这

---

① 陈国庆.后现代知识观与语文教育的生活化拓展[J].江苏教育学院学报,2005(5):19-23.

是教师在行动研究中开发课程的源头活水。

房山佛子庄幼儿园的教师尽管在2016年之前"不懂研究""不做研究"[①]，但她们却在无意识中进行研究，因而能在三年中通过行动研究完成社会实践活动课程、民间体育游戏、民族节日主题活动、小农民的四季生活系列主题活动设计与有效实施（详见《小农民的四季生活》[②]）。

二、田野研究

（一）田野研究的由来与步骤

田野研究是人类学首要的方法，强调研究者深入到研究对象的日常生活中，通过长时间的共处、参与其所有活动来使书斋理论与研究现场呈现知识性贯通。[③]田野研究过程中需要在当天生活结束后尽快撰写田野日志，因为记忆会随时间流逝而模糊或错乱。其次，要对田野日志进行深度阅读，并通过提炼主题词来编码。在这个过程中也可以撰写备忘录。再次，以编码和备忘录为主线，对与某一主题和论点有关的所有日志进行分类。[④]最后，对分类后的日志进行有序组织，并进行分析、解释，完成活动志或园所志的撰写。园所志这一概念源于人类学的民族志，经由对幼儿园田野日志的整理、归类等撰写而成，是研究者在一定阶段内对幼儿园师幼生活的整体性描述。园所志的形成过程是对幼儿园不同生活情境中的田野日志以合理框架组合的过程，日志的结构化有助于对园所课程文化建设的整体性研究。

（二）我在田野研究中的身份

根据研究主题和协同创新项目的便利条件，确立佛子庄乡中心幼儿园和三教寺幼儿园为田野研究点。田野研究时间为2016年1月—2018年7月。

---

① 摘自2016年3月14日教师访谈日志。
② 杜淑平,邬龙梅,王文东,王玉平.小农民的四季生活[M].北京:北京出版社,2018:13-204.
③ 庄孔韶.人类学通论[M].北京:中国人民大学出版社,2003:6.
④ 滕星.教育人类学通论[M].北京:商务印书馆,2017:142.

研究中主要采用了参与式观察法、深度访谈法和生活历史法；共撰写72篇田野日志。生活历史法是基于成人一生的口述资料，运用小组解读而从多视角"透视"个体在特定社会和文化情境中的心理过程，运用这种方法可以深入探索幼儿教师在日常生活中的行动研究过程。

1. 我在房山佛子庄幼儿园的双重身份

房山佛子庄幼儿园的田野研究时间主要是借助协同创新项目中入园观摩与交流的时机。2016年1月—2018年12月，平均每月入园两次，共约60次。作为研究者的身份与作为项目负责人双重身份似乎会影响研究的科学性，但由于持续时间较长，与教师建立的"私下关系"尽可能保证了研究资料的全面性、客观性与准确性。

2. 我在三教寺幼儿园的双重身份

三教寺幼儿园的田野研究是以学习者的身份展开的，为此，园长提供了自上而下的各个层次的学习机会，包括干部培训、教师观摩课、分园建立研讨、教研活动等。田野研究时间是2017年2月—7月。因为住在三教寺园的客房，于是便以"主人"的身份与办公室伙伴以及园长建立起密切的关系，逐步熟悉了园里教师的成长故事。（田野日志详见第三章第二节）

（三）田野研究的反思

田野研究的关键之处在于通过与人们在日常生活中进行亲密的和相对长期的互动，来更好地理解研究对象的信仰、动机和行为。① 两所园的田野研究虽身份不同，却因为逐步建立的熟悉的关系而取得教师的真诚合作与无私帮助。这促使我不断反思"我"在田野研究中的立场与价值取向。

事实上，正是村落文化中的生活体验及内在情感促使我从一开始就愉悦地接受了远离市区的山村幼儿园的协同创新项目。"我们都是村里人""我

---

① 桑国元，王文娟. 文化人类学视野中的教师研究：以一项师生互动研究为例 [J]. 民族教育研究，2016(6):30-39.

们是一家人"的情感不可避免地夹杂在与幼儿园教师的相处和交流中，这种身份常常掩盖了指导者或研究者的身份，"一家人"就是互相帮助、以诚相待。在三教寺园，教师多是北京宣南人，朴实而又真诚，也是自己的村里人身份帮助我对他者文化进行深层体察；同时又因面对面共处而逐步忘记了身份之不同，形成"我们"的共有认识。由此看来，田野研究中，"我"与"你"各自的文化之根总会被重新审视并在历史长河中寻找到曾经的交汇。这一过程中，"我"一家三代人的经历和故事常浮现于眼前，不断召唤着对己文化中家庭教育、社区教育进行再反思。正是带着作为生活主体不可被剥夺的"权利"而更深刻地了解自己的历史，理解他者的生活。事实上，这也是田野研究期间幼儿园教师自我认识成长的过程和文化自信、文化自觉性逐步提高的过程。

每一次的田野研究过程都不会完美，但有意或无意获得的信息值得作为最宝贵的材料而获得理性的深刻解读。

三、实践逻辑和理论逻辑相遇于协同研究中

"基于幼儿社会性发展的乡土课程资源开发与利用"以行动研究来推进契合于实践者的逻辑，而支撑这一项目的科研课题《乡土视野下的课程文化建构》是以人类学的田野研究范式推进的。从理想的状态而言，行动研究有助于园所实际问题的解决，田野研究则将园所发展及其行动研究置于更广阔的文化背景中来考量，有助于对乡土文化、乡土文化课程的深度理解与建构；行动研究中的密切合作有助于田野研究关系的建立；二者相互补充、相得益彰。从现实的状态而言，幼儿园教师、区级教研员和高校教师能否在长期的磨合与交流过程中实现学术逻辑和实践逻辑的统一，这是一个值得深入探究的问题。

行动研究和田野研究作为教育研究的两种研究范式都需要遵循研究的基

幼儿园乡土课程文化建设协同研究

本规范,即价值理念的关照和指引、学理与方法的统一。① 研究过程中核心概念的界定与研究思路的设计是研究顺利推进的根本保障。然而,由于教育实践有自身的逻辑,实践工作者因为实践中的"习性"、内隐的"意图"、时间结构和空间结构② 而缺乏经过系统训练的研究者的理论素养,往往把工作中的实践逻辑等同于研究中的理论逻辑,所以高校教师和幼儿园教师在研究中呈现不同的优势和劣势。两个群体的合作实际是实践逻辑和理论逻辑的相遇,这个过程中冲突性和统一性并存。

实践世界"是一个富有意义和趣味,因而驱使人向往和为之付出努力的世界"。③ "教育实践的逻辑是教育实践行为的一般形式、结构或生成原则,是各种教育实践样式得以可能并共同分享或遵循的内部法则。习性赋予教育实践以历史性,情境不断地改变着实践的意向,时间和空间的结构也与实践行为有内在关联。教育实践的逻辑既非一种纯粹观念的存在,也非一种纯粹实体的存在,而是一种介于二者之间或兼容主观性或客观性的文化存在"。④ 教育概念的界定、已有文献的述评和研究的设计则是遵循理论逻辑的体现。⑤ 实践逻辑与理论逻辑的不同是造成实践工作者误解理论以及理论工作者难以在短时间内深度参与教育实践工作的一个重要原因。然而,美籍华裔陈博士(Sue Ling Chen)⑥ 作为美国一所蒙台梭利儿童学校的创始人却以蒙台梭利的教育哲学思想成功引领教育实践。这充分体现理论逻辑和实践逻辑相遇中的和谐性,也是蒙台梭利提出的"富有吸收力的心智""敏感期""正常化""关

---

① 刘旭东.教育的学术品格与教育理论创新[M].北京:中国社会科学出版社,2017:132.
② 石中英.论教育实践的逻辑[J].教育研究,2006(1):3-9.
③ 刘森林.实践的逻辑[M].北京:社会科学文献出版社,2009:9.
④ 石中英.论教育实践的逻辑[J].教育研究,2006(1):3-9.
⑤ 郭元祥.教育理论与教育实践关系的逻辑考察[J].华中师范大学学报(人文社会科学版),1999(1):38-42.
⑥ 陈博士(Sue Ling Chen)是在美国(Arborland)创办了蒙台梭利学校;在4月6日北京为明集团培训中讲授"蒙台梭利教育哲学"课。

键期"等核心概念在教育实践中巨大价值的体现。事实上，蒙台梭利教育思想的形成有两个最重要的原因：一是蒙台梭利的医学实践和教育实践，二是蒙台梭利的医学、人类学、心理学等跨学科的研究背景。蒙台梭利从实践出发，借助多学科的前沿理论而致力于实践问题的解决，进而创建了幼儿活动的完整而又适宜的教具和学具以及蒙台梭利教学法。这种教育理论"负载着人类成长愿望、在特定的情境中实现的社会塑造，是对可能世界的追求"[1]，因而是一种"实践性的理论"[2]。

实践性的理论能够改变幼儿园教师对教育实践认识的单一性，使教育实践活动更丰富、更具有前瞻性。协同研究正是致力于实践性理论的发展和教育实践活动的改善，在这里，不同的研究主体求同存异，以尊重教育和教育理论的文化品格为前提和根本。

---

[1] 刘旭东.教育的学术品格与教育理论创新[M].北京：中国社会科学出版社,2017:255.
[2] 刘旭东.教育的学术品格与教育理论创新[M].北京：中国社会科学出版社,2017:256.

第三章
协同研究的历程
——行动研究单元和田野生活片段

第三章
协同研究的历程——行动研究单元和田野生活片段

从 2016 年 3 月到 2017 年 12 月，房山佛子庄中心园的协同创新项目共组织四个行动研究单元。第一单元——幼儿眼中的"二月二龙神庙"，第二单元——六一游艺园：舞狮、打鼓、踩高跷、亲子民间游戏、捏泥人，第三单元——"源于乡土而高于乡土"的园所环境的创建：色彩与造型、环境创设，第四单元——科学、艺术活动的设计与实施：三教寺幼儿园科学活动的创意、园所互动（不同层面的解读）、幼儿歌唱活动的设计、陶艺室乐淘淘。各单元的关键词表明了行动研究中举行的重要活动。四个单元所进行的活动不具有连续性的主要原因有两方面：一是尽力服从于幼儿园日常进行的活动，不给幼儿教师增加额外工作；二是源于幼儿园的整体需求，如对科学活动和艺术活动设计与组织引领的需求，特别是对美术色彩与造型、音乐活动技能的需求。

为了教师能够明晰行动研究要领以及协同团队成员之间在建立之初增进理解与信任，作为开端的第一个行动研究单元持续时间最长。三年中的每个"二月二"都会对龙神庙庙会活动进行不断改进，幼儿从第一年的普通参与者（游客）转变为第三年的庙会主人身份——庙会文化的建设者（庙会演员和导游），教师行动研究发挥了重要的作用。

第一节 幼儿教师的行动研究

根据高校教师和教研员参与行动研究的程度，行动研究可以分为三种模式：一是园外研究者与园内教师合作开展的行动研究，双方协商提出研究问题、对问题分析后制定计划及实施方案，并对实践效果展开评价；二是园内教师产生研究问题，并通过反思性的行动来解决问题，园外研究者根据需求而给予理论和自我评价方面的支持；三是园内教师逐步学会独立开展行动研究，在整个的研究过程中自主设计、调控和推进。

一、行动研究单元个案

项目开展之初，房山佛子庄幼儿园教师没有研究经历，为此，在第一个行动研究单元中，园内外协同研究者共同确定问题、制定计划、建立实施方案、现场实施与观摩、多方研讨与反思。简单而言，协同研究团队的核心成员共同经历计划、行动、考察、反思的过程。

（一）大学研究者支持下的行动研究

从2016年3月14日协同研究团队及全体幼儿体验龙神庙庙会，教师所开展的行动研究已经开始。这次庙会中所有的人都是全身心的观看者和体验者：吃斋饭、观看道士向龙神爷爷和龙神奶奶举行的祈雨仪式、银音会以及现代版的文艺表演。在这个传统的节日中，村民之间因"熟悉"的关系而达成的默契、远近工作的"村里人"洋溢的安定神情、年老的长者对古老艺术的热衷、富有故事的现代村里人演绎出的精气神……各种情境下的体验不仅丰富了师幼的认知，更滋养了人的性情。

庙会中，小班幼儿的主要活动是在家长陪同下看节目、吃斋饭、敬香①；中班幼儿和大班幼儿则是自主选择观看内容，带班教师确保幼儿的安全。民间的生活体验是幼儿园课程开发的根基。回到幼儿园，协同研究团队开始研讨师幼在庙会中的种种收获，对小、中、大班的活动进行评价并编制

---

① 摘自房山佛子庄中心幼儿园隗洪霞老师的活动方案设计——小班主题活动案例《亲子逛龙神庙庙会》。

连续性主题的活动方案，同时结合幼儿社会性的发展而确定各级目标。（详见附录一）

研究团队在随后的系列活动中重点关注"祈愿与春种"主题活动，这一活动从龙神庙庙会中的"祈雨仪式"出发，能结合农民春种的活动而给幼儿创造更广阔的活动空间。教研员给予活动设计、实施、评价、调整等各环节的支持。高校教师据此而设计春种、夏长、秋收、冬藏的小农民四季活动框架；从人与自然（包括二十四节气）关系处理的角度建构课程体系；与此同时，为了更好地推动家庭资源、村落乡土资源的开发，为教师和家长邀请相关专家进行"尊重、支持、协作——家园共育有效策略"为主题的家庭教育讲座和"乡土资源的分类与利用"研讨活动。（详见附录六）

（二）园内教师支持下的行动研究

经过"龙神庙活动"单元的第一轮行动研究，教师不仅掌握了行动研究的基本过程，更重要的是把"龙神庙"植根于师幼的心田，使春种、夏长、秋收和冬藏的系列活动间有了强有力的自发生成的联系："快乐冬储"活动直接服务于龙神庙庙会的"小厨师"和"义卖"活动，"自制泥巴"活动则使家乡民居和龙神庙建筑在幼儿手中"活灵活现"……活动之间的充分连接使得2017年2月27日和2018年3月18日的龙神庙活动中，幼儿成为主角。在教师的帮助下，幼儿从食品的选择、宣传海报的制作、节目的设计到以"卖家""表演者""解说员"等的多样角色深度参与庙会活动，充分显示了教师自主行动研究的成果。这次的行动研究是园内自主开展的，园长和保教主任是行动研究的重要支持者。如果说第一轮行动研究中追求的是研究的科学性和系统性，这一轮行动研究追求的是教师自主反思意识和系统设计能力的提升——教师以自己的日记、照片、视频等为重要媒介进行批判性反思来解决自主发现的问题。

幼儿园园长所带领的核心组成员则把班级开展的春种活动确立为园级主

题活动，全园在4月份开展了"与春对话"的社会实践活动；根据对"乡土"的自我理解而大胆创建陶艺室，安排美术专职教师来建设陶艺室，并让幼儿以此来对"春种"进行创造性的自我表达。

教师在三方力量的支持过程中逐渐萌生出感兴趣的课题——《基于幼儿社会性发展的乡土社会实践活动开发与利用》《传统节日文化教育促进幼儿社会性发展的实践研究》《户外体育游戏促进幼儿社会性品质发展的实践研究》《陶艺课程促进幼儿学习品质形成的实践与研究》。协同项目团队为每位教师安排个性化的指导教师来推进研究进程。

二、行动研究单元中不同主体的角色

"行动"严格意义上指利用新事物改变人类生活的活动。① 对教师而言，行动意味着教育实践是充满探究性的活动，教师通过学习而在具体情境中采用适宜的教学内容与方式来促进学生的发展。行动研究是教师运用解决问题的方式来改善自身的教学乃至社会生活状况，进而促进对自我以及专业的理解。自我是行动研究开展的主体。②

协同研究中，幼儿教师是行动研究的主体，在教学实践中学习，通过多方沟通和反思来进行深度学习，进而改善教学行为。行动研究中，教师不仅是实践者，更是积极主动的学习者和实践性知识的创造者。学习是基于教学日常生活的学习，这种学习使教师不断以新的视角理解日常教学，进而有意或无意地进行调整；而调整的过程正是实践性知识得以生成的过程。协同研究成员之间的沟通和共同写作促成了教师实践性知识从隐性知识逐渐转变为显性知识，并在教师间不断分享与传播。

---

① 玛丽·路易丝·霍莉,乔安妮·M.阿哈尔,温迪·C.卡斯藤.教师行动研究[M].祝莉丽,张玲,李巧兰译.北京：中国人民大学出版社,2017:4.
② 玛丽·路易丝·霍莉,乔安妮·M.阿哈尔,温迪·C.卡斯藤.教师行动研究[M].祝莉丽,张玲,李巧兰译.北京：中国人民大学出版社,2017:45.

第三章
协同研究的历程——行动研究单元和田野生活片段

教研员在行动研究中为幼儿教师的学习提供丰富的资源，这些资源既包括相邻幼儿园的观摩与研讨，也包括区级层面以主题或领域分类而开展的教研活动；同时，教研员也直接在幼儿教师所在幼儿园的教研活动中担任共同设计者、深度参与者和评价者的身份。因此可以说教研员是幼儿教师行动研究的重要辅助者，正是教研员促成了幼儿教师行动前与行动后的有效反思和改进。

高校教师在协同研究中是幼儿教师行动研究的间接支持者。行动研究有深厚的理论根基，教师工作有自身的实践逻辑。教学需要教师具有文化敏感性，但只有以对建构主义理论、文化与个性互动以及儿童发展等理论的深度理解，才有可能使行动研究不会背离其初衷。与此同时，幼儿教师学习需要利用成人学习和心理科学所提供的最新研究成果，这些理论尚有待于本土化的探索；幼儿教师学习有自身的规律和特点，行动研究中的学习既包括有意识的学习，也包括无意识的学习，两种学习都以幼儿教师已有的思维方式和专业基础为前提，而这需要高校教师站在一定的理论高度去审视。行动研究虽然是一种应用性研究，但需要遵循研究的基本规范；协同研究的重要任务是帮助教师学会自主地开展行动研究，所以协调实践逻辑和理论逻辑的关系是高校教师必须承担的任务，以此来引导幼儿教师提升思维品质和研究报告的写作能力，并使教师有意识、有能力地不断建构个人使用理论。

在项目进行中，各主体都在自己的角色扮演中处于不同的发展阶段，这里以陶艺室的负责人田桂竹教师的角色扮演为例来加以分析。

田老师出生于1969年，是土生土长的农村人。早年在师范学校学习，酷爱美术；曾经是小学的全科教师。2006年，区教委开始设立乡中心园，她有幸实现了自己的愿望——在园里为孩子们设计美术活动。2016年，园陶艺室成立,她成为陶艺室的专职教师。在属于自己的天地里,她启发幼儿根据四季主题活动和区域活动来捏造不同场景中的多种形象——农村石头房、家门前的狗窝、幸福一家人、秋收打枣等。她自己想方设法设计模型,我们一行几人进陶艺室时,她正在捏造乡村艺人打鼓的各种神态。她常说自己的童年是无拘无束的,也希望在美术活动中为孩子们搭建自由的平台,让他们自在成长。这里成为幼儿天天所期盼的地方。

协同项目开展的第二年,田老师出版了《快乐泥娃娃》[①]。这本书既有对陶器的起源与发展的介绍,又展示了她对儿童陶艺活动的具体指导策略及"小小陶艺师"的劳作过程和成品。

如果说书或者教学论文是田老师行动研究成果的静态展示,建构区域活动中"村落院墙"作品作为有趣的建构素材,经过上釉、烧窑工序后的各色花瓶成为角落中精致的装点;每次研讨过程中,田老师总会提出一段时间内积累的各类问题——"陶艺制作中,如何处理个性化幼儿和全体幼儿的关系""陶艺室工作中如何理解资源、拓展资源""能否安排一位教师针对性地指导我的陶艺课题"等,这些问题指向于陶艺室的教学过程、陶艺室内外的资源拓展以及研究中的外部支持力量,问题本身反映了田老师强烈的自我反思精神和自主研究意识。反思和自主正是教师在行动研究中所需的重要品质。

从一定程度上讲,田老师在行动中的"内隐"认识、无意识反思以及对行动本身进行的反思正是田老师行动研究开展的过程,[②]这虽然离严格意义上的行动研究有一段距离,但也促使田老师胜任了以下角色。

---

① 杜淑平,王文东,田桂竹,刘红霞.快乐泥娃娃[M].北京:北京出版社,2017:1.
② 卡洛琳·波普·爱德华兹,莱拉·甘第尼著.瑞吉欧·艾米莉亚的教师研究——一个充满活动并不断演变的角色的精髓[J].张辰楠,张虹译.幼儿教育,2016(05):1-10.

（一）挖掘文化资源，胜任环境创造者角色

对幼儿而言，环境是重要的教育力量。"提供高质量的教育从空间和环境创设开始，这里包括室内和室外环境。有着高质量和美感的材料、家具和图片传递着一个空间和环境的'品位'和'味道'，有助于儿童的欣赏、喜爱、尊重并且从环境中受益"。[①]通过对田野研究中随主题活动而拍摄的不同活动区域及幼儿作品的照片归类、解读发现，田桂竹老师不断挖掘区域环境资源并借助自身美感和对空间的理解力而对陶艺室环境及其每一个细节进行精心布置；专注于探索乡村自然生态在教室中的体现，以此激发幼儿在陶艺过程中的创造性，搭建作品间的"生态关系"。这既尊重了幼儿无意识学习特点，也为教师提供了富有美感而又实用的性情陶冶的空间。

（二）及时发现问题，自主推进研究过程

"制度需要服务于人，服务于幼儿的需求，因此需要随着需求的改变而不断调整"，对制度的弹性理解使田老师在小小陶艺室中寻求更自主的创造空间，凭借自己的美术专业素养和对自我、乡土艺术的深度感知与理解而不断构思陶艺作品，引导幼儿从村落生活中选择感兴趣的陶艺对象，以幼儿的实际生活为素材来帮助他们建构精神世界。这是她以美术领域的个性化方式开展行动研究。

（三）建构专业自我，促进和谐关系的形成

田老师是同事们公认的"幼儿园中积极的学习者和创造者"，"她特别关注自身专业的不断成长"。专业成长源自于她不断追求陶艺技能和美术素养的提升，同时也离不开幼儿兴趣的最大满足，因此而与自己、与幼儿、与生活环境建立了良好的关系，这成为她自身职业幸福感的首要来源。一个人正是通过对自己的文化背景的理解来理解自我，对自我的理解促成了对职业、

[①] 卡洛琳·波普·爱德华兹，莱拉·甘第尼著.瑞吉欧·艾米莉亚的教师研究——一个充满活动并不断演变的角色的精髓［J］.张辰楠，张虹译.幼儿教育，2016(05):1-10.

对社会乃至更广阔的文化生活的理解。

田老师的专业发展离不开她在教研活动中主动向教研员请教陶艺活动中幼儿的个性化发展，也离不开她积极申报陶艺课题，根据专家建议不断调整自己的研究方法和研究思路。从严格意义上讲，她的行动研究过程不够理想，然而她以主动探究精神和勤于反思的精神促成了个人教育生活的完满，也为协同研究团队贡献了自己的智慧。

事实上，房山佛子庄中心幼儿园的每位带班教师都通过自己对行动研究的理解和个人在自主探索中形成的实践性知识不断改善教学生活，通过以四季为主线对本乡本土资源的深度挖掘与利用来使教学生活经过自己的设计、实施、反思、再设计等螺旋式上升的过程更加完整、幸福。从这个角度讲，行动研究促使教师成为自己完整教学生活的设计者和践行者。

第二节　我的田野研究历程

为了胜任协同团队中的角色，为了深入理解课程文化的形成过程，2017年2月—7月，在三教寺园开展了6个月的田野研究。6个月的生活丰富了我对幼儿园工作整体性的理解，为课程文化的研究收集了多层面的一手资料，更为重要的是对协同研究中遇到的问题与园长和教师进行了深度交流，促成了园所之间在文化管理、教师学习共同体建设以及科学领域活动设计、实施、评价三个层次的互动。

为了真实呈现田野生活，把田野日记根据办公室、会议室、户外、园外四个田野点进行归类；田野周记一方面反映了通过田野方法研究课程文化的心路历程，另一方面是对幼儿园生活切身体验后的进一步思考，下面将按照时间顺序逐一呈现。

一、四个田野点的日记

（一）教室

3月5日　晴　"看见"的力量

餐厅偶遇中四班小朋友，他们群体性地问询我很多问题，"您去哪儿？到我家吧"。原来他们在相互传着我去欣瑶小朋友家里的事情。

下午的区域活动中欣瑶和几位同伴在画画、涂色，他们邀请我一起涂色；看到我，个个都高兴得手舞足蹈，愉快的情绪在传唱。也许看见熟悉的人本身就是一种快乐。顿时，回味亲子之间"看见"的幸福，因为他们天然一体。

3月8日　晴　献给妈妈的礼物

上午，中一班迎来了酝酿一周的爸爸与孩子"纯手工酿制蜂蜜"和"嘟嘟裙"活动。当班级教师演示完做法之后，孩子们和爸爸们便投入到了自主自足的活动当中。孩子们与爸爸们的合作似乎已达到了一定的默契。不同的爸爸有着不同的性格、不同的做法、不同的颜色选择，一个家庭的个性便尽情地展现在教室中。爸爸们在亲子活动中有怎样独特的智慧呢？在幼儿园的带领下，爸爸们的教子观念有怎样的转变呢？活动中人的意识和潜意识是怎样相互影响的呢？体验是最重要的。所以，文化的传承与创新，一定要在与传统元素相关的活动中来进行。今天的两个活动便是营造园所文化的最佳范例。

爸爸的持续、严谨、专业精神直接地传承给了孩子，在自制裙子和蜜茶活动中完整地给孩子做出了表率，并通过合作直接蕴含在孩子的血液之中。爸爸们也是有创意的，当把小纱巾精致地当成小女孩们的发卡，当巧妙别致的颜色搭配呈现出来时，这一定蕴含了家庭之间的无限爱意。所以，这项活动是对中华民族爱父母之心的传承，以家为本精神的传承；作为摄影师的爸爸把工匠精神传承给了下一代。这一定是人生当中最美好的体验。这便是家庭的顶梁柱——爸爸们全心全意支持孩子们活动的最根本的理由。

活动中人的改进是逐步的，展现出来的成果是不断升华的。孩子们的发卡从单一色变成多种色彩，裙子成为一种工具——变成舞蹈装饰；裙子无形中成了孩子们的美妙舞姿和戏剧的最恰当的道具；尽管男孩子们没有穿裙子的习惯，还是在老师的赞赏下改变了刻板印象。我想这也是对成人观念的一种"刺激"。女孩子的世界和男孩子的世界是截然不同的，但还是在与爸爸们自在的合作中展现出来，在学校展现了一个精彩的家庭生活世界，展现出了精彩的人生世界。

当两个小分队合在一起的时候，孩子们之间的互动更加多元，精彩蝴蝶结在更多女孩子的头上戴起来；男孩子之间相互拥抱，非常亲密；家长之间也相互亲近起来，因为孩子之间已经是非常默契的搭档；当男孩、女孩分别列队拍照时，我们看到了家长脸上的神采和孩子的那种开心与自在。这无疑也带给老师们收获。孩子们可以提前放假了，家长们带着"甜美"和裙子回家。对爸爸来说，活动虽花了时间却明白了父亲陪伴的重要价值以及更好陪伴的方式。

一个小男孩主动走过来："漂亮吗？""很漂亮。"哈哈，他多次重复，似乎一个老师的回答还不能肯定，他又去找了华老师，华老师给他一个甜甜的吻。那种尽兴无以形容。我似乎能够理解到老师和孩子之间那种感情；也更能理解妈妈和孩子之间那种情感，孩子在家庭中的位置本应是主人，家庭为孩子而需要。

中四班已经开始了"朗读者——献给妈妈的礼物"现场直播。孩子们分为五组，各自选老师。朗读的过程中有报幕、领读、齐读，朗读内容都是与妈妈相关的诗。"拿香蕉当电话",孩子们反复讲;"妈妈的马",这就是中文发音的魅力吧。第一排的女孩子,她们俨然是有领导能力和配合能力的一个小组。朗读节目结束时,孩子们有一段自由时间,教师之间也有一段自由交流的时间;这个班级的氛围是较为宽松和民主的。

中一班的老师们放假后开始筹划一个精彩的视频。四位老师中,有执笔的,有策划的,有执行的,这是一个强大的队伍。其实,很多活动是无意识进行的。人生需要这样的机会。

中午,每位老师都收到工会老师——赠送的三八节小礼物——形态各异的盆景。

3月17日 晴 "小甜心"的活动

小二班的香甜小盆栽活动由杨蕊老师甜甜的嗓音开始,只有那样形象生动的语言、贴近生活经验的游戏性语言,才会使小朋友们充满好奇心,然后自发地鼓掌,一切都在自在状态下发生。近距离地指导小朋友才会对小班孩子的特点和问题留下深刻的印象,也才会了解不同孩子发展的差异。在手指舞蹈画中,两个小男孩不同的关注点反映出了美术活动当中的不同能力水平;小盆栽的土壤安放也反映了小女孩的细致和小男孩的"大条"的差别。这些活动中孩子和教师总是紧紧相随的。通过观察李蓉老师的美术活动前的自制糨糊的多次准备到美术活动后的广告颜色的回收、小盘子的清洗、瓷砖的一一粉刷,再加上她对了然于胸的小班整体状况的讲述,我体察到了对幼儿教师从大脑创意到充沛体能的整体需求,感受到年轻家长和隔代抚养者观念和行为需要社会整体层面的支持,也充分认识到个体在团队中的发展需要借鉴、采纳、吸收、转化、提炼。另外,家庭的小变化,如母亲工作的调动、父母吵架及各辈间教养观念的差异带给小女孩的影响大于小男孩,甚至会引起小女孩的尿频等生理问题。

（二）办公室

3月7日　晴　专职教师的快乐

下午，突然间小朋友闯进了我们的办公室，带着粉色裙子的小朋友拿着书签跑到了徐老师面前。她亲切地称呼为"儿子"，麻利地打了对钩之后，便假装穿上了裙子幸福地拍了张照；又见到于老师在向小男孩学习如何穿起漂亮的裙子，随后也麻利地学小朋友的样子穿起来，这似乎是不可能的事。这样一种欢乐的气氛中，陈老师当成帽子来戴，当成内衣来穿，美美地摆出几个POSE，像极了欢乐的小孩。这便也是幼儿教师的享受，享受这个幸福的妇女节。

走进班级一看，他们兵分四队，走进了相邻的班级，传递着一份份美好和童心。每个孩子都有自己的真心，也向我们成人播撒了纯粹的欢乐。当小齐老师悦动轻盈的身子，哦，原先的基本功，跟孩子长期相处刻印在心身满满的收获中。

孩子们会做围脖、护膝、手套、茶叶，全能的孩子们！

个人体会：生活中需要感性的张扬，这样才能更好地滋养我们，这也就是我们与孩子相处的真谛所在吧。不只是孩子需要我们的陪伴和呵护，我们更需要孩子们带给我们创意和轻松；把自己和孩子同时带入游戏状态是教育中最重要的事情。

4月10日　青年教师教学比赛前的准备

西城杯教师大赛临近，华老师将代表园里参赛，同时，她也要随园长赴福建园讲解"学习故事"，为此，她便来请教中班保教主任于老师。她们交流了近两小时，对朗老师提出的诸多建议进行了深入剖析，并探索了可行的诸多方法；同时，又分析了王岚老师和陈琳老师提出的建议。她们精彩的讨论也吸引了我，于是便有了三人小组的教研小会。这便是一个非正式而又十

第三章
协同研究的历程——行动研究单元和田野生活片段

分有效的交流小平台。希望这样的平台越来越多。

5月3日 晴 孙老师讲述成长故事

"怀孕之后对带班孩子有了更深厚的情感……对自己的孩子和对班级的孩子一样,努力培养他们的独立性(不怕慢,就怕不动手),对他们的生活习惯严格要求,帮助他们学会自我管理,如时间管理、物品管理、倾听要求、责任感等。

小班幼儿需要呵护,有游戏化的一日生活,随处都有音乐游戏,如小动物的模仿、手指游戏等。我会自己买录音机提到表演区,让孩子们学习播放;孩子们愿意做的事情,不考虑费用。中班幼儿爱告状,我会组织目标化的区域活动,如小商店、小超市、火锅城,社会角色铺开,让孩子们学会接人待物,学会记录等;大班是合作化的共同学习。各年龄段都应注重活动后的分享与评价。为了加强孩子前期经验的积累,每周应该重点指导一到两个区域,让孩子带着问题做,观察孩子的状态和情绪表现;教师带领小班孩子慢慢讲自己的感受,慢慢根据标记收放材料。

教师要用心,发自内心,不装。对每个孩子都一视同仁,不论其家长的社会地位如何。面对家长时,一定要讲清楚同班教师对班级的贡献。诚实、善良是最重要的品质。有一次,我带着孩子时捡到一部手机,就带领孩子一起经历寻找手机主人、还手机的过程;后来,孩子高中毕业后和同学玩KTV(当时没交),后来自己让爸爸补交钱,在国外无意撞到标牌主动补救,我想这都是幼时养成好品质带给孩子的长远影响——无论社会环境怎样,自己要做好自己。

一个人在单位为人处世怎么样,就在家里怎么样。在家庭中,互相理解、支持对方;学了教育心理,安抚丈夫不能着急,回到家里不给自己的丈夫添任何压力。幼儿园教育也要坚守善良、阳光、诚信、健康。我从王老师(园长)这里找到了。在班里操作,要把自己的快乐带给全园的孩子们,发挥自己的特长。王老师没有要求，便是信任。不需要说，看结果。感谢王老师能让我的特长充分发挥。在王老师手下工作，要求自觉，先把工作做好，做好与做坏都是自己的事。上下级的关系不一定说很多，在做。

我2000年进入音乐学院学习，2005年毕业，从进入音乐学院学习到现在有17年了。其实，毕业后我还一直到外面学习，每个寒暑假都要看一本专业书，或大或小或重复看。没有要求胜似有要求，没有压力胜似有压力。教育不是模棱两可的事，必须严谨。必须得努力和发愤。专职教师必须要在自己的活动中给老师和孩子新感觉，让他们去吸纳。不要怕付出，自己买一些专业的资料、音频、教具，买拨浪鼓；澳洲土著人打棒，够一个班用。我想让孩子们欣赏，国外的和我们国内的有什么不同，让孩子观察。我的小音响会随时带着，自己在感受音乐的过程中产生很多灵感，能抓住音乐的魂——主题或副歌要表达的，然后就会明白哪段音乐适合孩子干什么用。后来我还学会截取音乐。"

5月5日 晴 加班加餐

此时此刻，5月4日的下午七点钟，三教寺幼儿园的三层半，从副园长到小中大班及未来分园的保教主任，从专职教师到安全、后勤主任，从科研员到图书资料管理员，大家劲头十足地、密切合作中各尽各责。"纵向贯穿、横向联动"，时不时传来探讨的核心观点，"工会来个加班餐吧"，笑声、方案质疑声交杂一起，急速走路声、翻书声、打字声……各在不同的节奏却又共同的旋律中进行。此时，明白了园长的一种思想：锻炼人就是造就人，给予担子和空间是成全人才发展的前提条件。

个人体会：坚定、果断、精准、热情、温馨，不同性格的教师们在一起，相互成就，相互美好，这就是"各美其美、美人之美、美美与共、温情与共"。她们用行动解读"和合"之内涵。是什么使幼儿园成为一个这么美好的地方？

（三）会议室

3月9日　晴　科研教师的访谈和小口袋书的集体审阅

今天，作为三教寺园科研负责人的安老师非常耐心地讲解了园所开展课题的主要思路。

"我们园在'十五'和'十一五'课题中持续关注幼儿体育活动的习惯和兴趣，研究中提前制定课程方案、明确教师指导语言、探究器械使用的多种方式等；在'十二五'课题中开始开展园级主题活动并探索幼儿活动中的关键经验。我们的研究方式主要是行动研究，其重要前提便是概念的统一。我们特别希望能够有固定的校外导师做定期指导，幼儿教师们也特别需要这样的科研指导——满足不同教师的需要，彰显教师的兴趣所在。另外，不同园所有不同的文化因素，关键取决于发现。"

下午，我与参与口袋书编写的教师们一起进行了修订工作。重点探讨了"保育工作应知应会""幼儿营养食谱""运动安全手册——器械篇和活动篇""体质测试——教师、家长用书""营养与健康（保健师李平芳）"。在探讨的过程中，我理解了教师们的审美经验、审美趣味和形象、具体的思维方式，并记录下来一些关键话语：中大班开放性区域活动应关注的问题；指导语要具体明确；资源之间要流动起来，利用现有资源做到更好；不同群体的审美。同时也意识到与幼儿教师思维对接的重要性：幼儿教师在多年的工作中形成了独有的认识方式和风格，这会体现到她们的一言一行中。"小班第一学期由保育老师分餐要少盛多餐，第二学期引导幼儿自主取餐，干稀搭配、饭菜搭配；中大班幼儿根据自己食量自取主食。教师推车添汤，注意安全；指导体弱儿进餐……"

个人思考的问题：如何有效提高幼儿教师的书写能力和总结能力？当前，社会对幼儿教师综合能力，特别是书写能力提升有了新的要求。提升幼儿教师的书写能力一方面有利于借助书面成果培养新入园教师，另一方面又可以使幼儿园实践经验及时固化并推广。

（四）户外

4月11日　美国拉土纳小学走进中国三教寺幼儿园的准备及过程

早晨七点半，教师们穿着笔挺的正装，佩戴精美的领结，在园前院等待即将来访的美国客人。此前一个星期，各班教师们便开始带领孩子们认识美国典型的文化符号，并准备好了象征中国文化的京剧脸谱、兔爷、风筝等多样礼物。瞧，楼道大厅正墙上还设计了中国长城、圣诞老人等。这两天，孩子们将会增长怎样的见识呢？美国的客人们又会体验到一种怎样的园所文化呢？彼此之间会碰撞出怎样的思想火花呢？

事实上每一个交流环节都很饱满而有力，全园的每一个人都展示了中国人的热情好客、彬彬有礼、大气从容，同时又邀请了北京民间艺人做了精彩展示。而当深入了解到拉土纳小学的教学和师资状况时，我们认识到了彼此之间需要合作探讨的共性问题。

今天，我也细心地观察到王岚老师与小朋友相处时的快乐与舒展，留意到她理解客人参观的疲惫而及时把长条椅子移到树荫下，发现她在孩子们为演出准备时第一个起身让座……通过细小的动作来驾驭整个的场面，这确实令人敬佩之至。

4月14日　晴　"我运动，我快乐"

今天，领略了幼儿园开放区各项体育游戏中孩子们的风采。活动前热身任务完成口令一出，孩子们便飞向不同的方向：或是小足球赛场，或是充满神秘气息的小城堡，或是借助绳索力量躺卧逆向前进的区域……协作区、跑跳区、钻爬区、梯子区、投掷区……教师们针对孩子身体各部位的锻炼设计出了充满情趣的游戏。孩子们在城堡中一番番掀起尘土来进行消防演习，也

第三章
协同研究的历程——行动研究单元和田野生活片段

从"窗户"探出脑袋来互相观察与交流,新来的实习教师配合着孩子们的节奏,把游戏推向高潮。足球场上,孩子们俨然成熟的球员,瞄准球门,借势一踢,又得一分。孩子们兴奋地掀起一张记分牌。平衡区,攀爬区,教师总是在最关键的环节为孩子们助力。在这个幸福的季节,孩子们尽情地在游戏中健身,与大自然的一草一木自在共舞,与水中的鱼儿、小窝的白兔窃窃私语。尽管满头大汗,但乐不可支,交谈更丰富。

孩子们的幸福源于大自然,更源于青春和经验的力量。运动场上,教师队在体验足球赛;小操场上,经验丰富的安老师带着年轻的队伍训练口令与列队要领。把成人的要求转变成符合幼儿年龄特点的口令需要创造性地改变。比如,稍息、半臂间隔向前看、立定一二……老师们也要为"齐步走"的语调进行反复训练,喊出一种气势。

6月9日 晴 跨文化的体验——六一欢乐季

一学期来,这个月是欢乐最多的。从六一儿童节开始,精彩一场接一场。先是第一季的园外戏剧团——"智斗大青虫",再是第二季的全园义卖——捐款活动,最后是第三季的家长、教师戏剧大放演。作为活动的参与者和体验者,自己也是欢乐多多。且不说义卖活动中买了孩子们很多有趣的小玩具,光是欣赏一下孩子们和家长摆设的各种摊位,也是一睹精彩,心满意足,仿佛回到了若干年前宣南天桥的一派热闹景象中,各种吆喝声不绝于耳;且不说家长戏剧社自拍自演的白雪公主和教师们上演的具有深刻教育意义的胖胖国王减肥的故事、默剧长颈鹿学跳舞、小恐龙成长,光是身旁孩子们的"坏国王""毒苹果"的欢呼声以及观看结束后模仿各种动作、叫声等已经让我体会到了孩子们成长的快乐,即使小班孩子们在感动之余想起了自己的妈妈而难过起来,那也是种成长——幼小的心灵里播下了感恩的种子。

（五）园外

3月14日　晴　服装学院

服装学院的演出是让人大饱眼福的，是为幼儿提供时装展示的新时机，也为幼儿园创设着更宽广的平台。王老师为美所吸引，为美所努力，既追求着生活中的美，也追求着工作中的大胸怀与大气魄、大决断。

她在民族服饰的参观中和独特工艺店中，张开怀抱拥抱精致而有个性的事物，这本来是人自然的一种追求。

个人体会：当我们的生活达到一定境界的时候，我们可以放开手脚、自由地去追求；在生活的小细节中，可以感受到她善于决断。

3月15日　晴　新园

偶然的机会，去大栅栏分园进行了参观，并与教委老师进行了座谈。在参与的过程中学习了王园长的交往方式，近距离体察了她的风格。同时，也领悟到了区级与园级之间的关系。

一上午，从精心准备到顺利谈判、提出园所困难，再到科长提出创意，最后游览煤市街，结识民间艺人、参观特色中西餐厅，再到了解干部们每个人所经历的故事，了解干部们"男性性格"[①]的一面。最后注册了摩拜单车，一路体验新鲜劲；同时又逐步了解着宣南园所之间的各种关系，老师之间的故事，老师与领导之间的故事。

二、田野周记

3月4日　晴　第一周——"田野"反思

幼儿园是一个整体，既需要了解整体的推进工作，又需要围绕着自己的文化课题继续深入；田野研究能积累丰富的素材，在参与活动的过程中改变

---

① 这样的女干部既具有女性细致、温和等优点，又具备男性果敢、爽朗等优点。

自己的思维方式。今天又是一个新的开始：需要记录这一个个精彩的瞬间；需要在小、中、大班的观摩中有一个整体的协调；认识这些孩子，认识这些老师、理解这些家长，同时也认识整个的园所工作。

在这里的生活，首先是与北京文化融合的一个过程；这里的多数教师都是北京土生土长的教师，她们骨子里透出的涵养都塑造着我们的办公室文化。让自己在这样的团队中熏陶一下吧。

传统的传承需要以尊重现代化为前提，也只有像华冬梅这样在幸福的文化圈中长大的孩子才有可能去勇敢地创造属于自己的风格。这需要一种视野，也需要好的家庭成长氛围。例如，蜂蜜茶的创意起源于家庭，裙子的创意起源于爱好。这样的活动准备吻合我的备课理念——丰富我们的生活，提高我们的品位。

应该说，这里的一切对我的教育观点都是一种肯定，同时也在丰富着我的生活，提升了我的认识。到底以什么样的方式组合这种收获？需要层层筛选。但储备、体验与记录是第一位的。关键点是不错过最精彩的集体性活动，尤其关注非正式的活动。

幼儿教师不同的生活深刻影响着不同的教学风格。隐性的生活常常是我们关注不到的。

3月13日　晴　第二周——园所文化反思

来到西城区三教寺幼儿园已近一个月，渐渐地熟悉了幼儿园繁忙、有序、快节奏的生活，慢慢地了解着这里的人与事，同时也激起了关于园所文化、教科研、课程文化、生命延续的更多理性思考和丰富的感性体验。

1.园所文化建设框架

理论上，一所园所的文化建设框架需要从园所理念系统、制度系统、环境创设体系及行为系统四方面切入；而各大系统的完成需要从园所的发展历史、现状及未来前景去提炼、定位、完善。这从客观上需要一支园所之外的团队来做顶层设计与论证，更需要对园所所处区的发展状况做一整体评估，这涉及园所家长的文化支持力量；同时，需要取得园内教科研力量的支持。

实践中，园所从 2009 年乃至更久远的时候建立起来的园所价值追求已经深深地影响着园所的人际关系、教师的教育思想与行为；园长带领着干部团队不断急社会所需，扩大着办园规模，提升着干部的管理水平，通过学期初、末的园内针对性的培训加强教师队伍的专业化水平，特别是教科研能力，也尝试通过口袋书来丰富教师的保教技能与素养。大班经过与家长的有效沟通，已经成功转移到了园所旁边的宣师附小一层；五个小班和四个中班得以在园内获得较为宽敞的活动和生活空间。园所整体层面所引领的班级管理理念与方式已经初步体现到了有声有色的活动当中，例如，中一班所开展的家园合作自制蜂蜜与妈妈们的嘟嘟裙，中四班所开展的"小小朗读者"的现场直播活动，这些活动的完成不仅源于教师们生活中产生的创意，更源于他们对班级的自主管理权与责任的共同担当。

新学期所开展的志愿活动借助网络平台，开始了"废旧电池回收活动"；园所对外所接待的培训与学习——青海学员、美国学员等也在如期进行；以岗位牵头的常规工作和因个人关注的研究工作相互整合，在尝试了半年后依旧在进行之中；口袋书在家长的配合下继续进行着图文校对工作。新的学期，新工作与常规工作在有条不紊地进行之中。

理论与实践的融合与相互转化需要一个持续的过程。"和合文化"如何更好地滋养园所的每一个人？这需要挖掘园所活动与管理中的闪光点，然后一一将之升华，为其寻找理论依据，进行深度阐释，从而更多更好地沉淀与积蓄力量。在这个过程中，实践先行，理论或思想紧随其后，进而更自觉地引领实践，这样才能使二者相得益彰。

目前所需要积累的便是一个个精彩的活动或合作方式；同时，与教师们一起提炼活动背后的思想,层层提升,直至与我们的最高追求相呼应。目前,一边搜集一边提升。这意味着积累一段时间后必须沉淀——双方共同完成。

2. 教科研活动到教科研文化的形成

《区域游戏中的自主学习》《发现绘本中有趣的区域美术活动》等实践活动通过教师的自我反思、梳理便成为教研活动的重要素材,在多角度多层面地探讨后作为教研成果来推动区域活动乃至主题活动的整体提升;《师幼互动中教师教学语言的实践研究》及《园所体育活动》《园级主题活动及其关键经验》科研课题的开展则从整体上推动幼儿教师语言素养、体育活动指导能力的提升,进而基于幼儿的生活经验开展有效的主题活动,促进孩子的生活经验积累及学习能力的提升。如何使教科研的意识、方法、能力借助适宜的文化环境来滋养每一位教师主动成长?如何创设或形成园所的教科研文化?这需要从办公室和教室的积极探讨氛围的营造开始;这种探讨需要园内外不同学科、不同年龄和专长且互相了解的教师之间的组合。所以,园外支持力量与园内教师之间的相互熟悉是非常重要的。

3. 课程文化

幼儿园的一日生活皆为课程。然而,幼儿园的核心课程应该是能满足幼儿兴趣、激发幼儿主动探索的丰富多彩的区域活动和主题活动。这些活动能根据小、中、大班幼儿年龄的发展和四季的更替不断调整、提升,活动之间既有连续性,又能不断突破,有所创新;教师支持课程的发展,而课程又成就了教师的成长。这样一套课程体系的形成必然有核心的理念,有丰富的材料,有可持续发展的动力,同时也使区域、族群的传统文化以灵动的形式呈现其中,进而发展为园所特有的课程文化,无形而有力地滋养着师幼的共同成长。中华民族的每一所幼儿园都因其地域环境和人文环境的不同而能形成多样的课程文化,但不论什么样的课程文化都应以幼儿的生动活泼的发展为前提,以教师的主动探索为前提。

幼儿园乡土课程文化建设协同研究

三教寺幼儿园和房山佛子庄幼儿园的课程可以做一个对比研究。二者的相同之处是追求传统文化对园所的塑造力量；不同之处在于，一个拥有山区独特的自然资源，一个在北京西城拥有丰富的现代素材来传承优秀的传统文化或民间工艺。尽管两所园的管理风格、教师队伍、幼儿数量等不尽相同，但这对园所课程文化、教科研文化的形成不构成根本的影响。我们可以借助协同创新项目为园所带来符合其实际需求的引领。

4. 丰富的感性体验

2016年每次到佛子庄中心园都对山区的土地有近距离的触摸，乡民的庙会活动、种植、锄草、秋收、冬藏成为幼儿园课程的重要组成部分；越是亲近土地，便越能够使朴实的情感浸润到园所的每个角落。教师们所需求的更多是建设课程的技巧与能力，如书写能力、环境创设能力、科学和音乐艺术活动的指导能力等。这些能力的提升首先来源于个体在活动中的亲身体验，需要自己的钻研与探究，需要与园所之间的互动。

三教寺幼儿园，户外体育活动、主题活动的分组教学以及区域活动、家园互助活动、科技周活动都让我感受到了教师的自主意识和幼儿们的大胆探索的精神。正是这些丰富的感受激发人的理性思考。同时，也让人在开放的空间中有了更多行为和思想、情感上的自主性。从这个角度讲，一所好的幼儿园一定是能够尽最大可能地给师幼提供广阔的心理空间，任其自由探索和表现。

生命延续与文化传承的关系还需继续积累和思考。

3月22日　晴　第三周——文化网：理性、感性与生活之路

从北京教育学院到幼儿园，从幼儿园到区教师进修学校，不同的工作环境、不同的生活方式。

北京教育学院的协同创新项目比较注重研究的过程，教师们从概念的界定出发确定工作的具体思路；在第一年摸索的基础上确定了相应的检测方法，

第三章
协同研究的历程——行动研究单元和田野生活片段

并结合幼儿园的需求确定自己点状的研究内容。教研员指导的出彩之处便是能够在不同园所的调研、指导的基础上把点的工作转化成线与面的工作；幼儿园教师在培训中的不可替代之处是对幼儿需求和园所工作环境的深度理解。

幼儿园的核心工作是通过层层教研、科研来推进的，而教科研的队伍需要具备园所班级工作经验，需要架构起课程发展不同时期的阶段性经验。如20世纪80年代根据大纲进行分科教学，20世纪90年代从分科教学走向与活动教学之间的整合，21世纪头十年侧重主题活动的多角度、多层次拓展和领域之间的整合，近些年注重从幼儿的视角确立生成点，层层拓展。各年代的变化对教师提出了越来越高的要求。幼儿教师不仅需要在丰富的生活经验积累中具备根据某一事物建构网络的发散思维能力，更要有能够在了解不同幼儿个性和兴趣点的基础上富有机智地创设游戏与活动情境的能力，这需要教师的创造性思维，其基础便是对丰富生活的深度体验。从这个角度来讲，幼儿教师个人的生活品质确实是优质工作的基础。这从一线教师成长起来的各年级保教主任及后勤老师所共有的特质可以获得有力证明素材。小中大保教主任在生活中具有较高的审美能力，孙老师和徐老师也各有自己的爱好，而陈老师也能够在多变的环境中不断追求时尚。对美和趣味性的追求也源于园长的带领。

其实，在美的背后是有真和善作为基础的。真即为人之真、做事之真；善即善待孩子、善待同事、善待家人。做人和做事如果能有机统一，"三教"——儒、释、道的人生思想若能够应时应景地体现到生活的具体行为中，这便也是一所园缔造文化氛围的最佳显现，也是园所人的幸福之本。

儒家思想追求从格物、致知开始的齐家、治国、平天下，顺时不断进取，成就人生；道家思想则倡导万物相生，遵循自然之道，逆时可以退为进；作为世界三大宗教之一的佛家则倡导空灵与觉悟，正如基督教中上帝赋予有限能力的人以力量和信心，人需要停止自己的念头，静心去感悟世界或宇宙中更深邃的力量。三种思想赋予人的力量便是教育所依赖的力量。这种教育是与生活紧密相连的，是与大自然的精灵——幼儿的生活紧密相连的。这种教育给幼儿教师带来不同的能量，而且使能量不断地在人与人之间传递。

优秀园长或优秀教师总是有意无意传承着这种力量，她们或源于家庭传承，或源于经历的感悟。在世界的大环境中，依赖与社会建立的多重关系来建设园所，来为自己的人生逐步积淀，她们逐步明白了种种无形的力量所赋予自己的力量如何更好地反馈给社会。

幼儿园工作的有序、内容的创新、时代的需求会促使教师们始终在变化的环境中追求精细、精致。小口袋书的编辑便是这种品质的充分体现。为了提升幼儿园年轻教师的保育质量，王红老师在陈老师的带领下几易其稿，从框架到小中大班幼儿指导的细微变化都做了精心调整，在不断扩展园所和大学的借鉴资料的情况下，最后获得符合自己园所工作内容和节奏的相对满意的书稿——两个部分：保育员应知和保育员应会（幼儿生活指导与管理技能、卫生清洁技能、配合教育教学技能）。

3月27日　晴　第四周——周课题研究和生活体验并行

幼儿园是一个乐园，她承载了女性的爱、女性的美。在这样一个地方，各个年龄段的女同胞们都在各司其职。年轻的老师们创意多多，中年的教学骨干和中层干部则传承了20世纪80年代以来不同时期的园所精神和文化。鉴于班级层面、园所层面所开展的多项合作，老师们组成一个个有牵头人、有支持者的队伍，于是工作在亲密交流与合作中有条不紊地进行。

这两周，园所的"主题活动中的关键经验与教师支持策略"开始了新一轮的研究，干部们和科研团队从"关键经验"的学术性和实践性的概念界定开始，结合园所的七个领域的各个研究小组进行了规定和自选性的分工，这将为下周全园内各个班级的开展奠定思想和组织基础。与此同时进行的是西

第三章
协同研究的历程——行动研究单元和田野生活片段

城区教研室开展的不同内容的培训和工作坊。例如，教研室主任邀请了北师大青年教师冯婉桢老师为美术教师做报告——高宽艺术课程中的单向深度法，讲座中既有游戏案例，更有具体阐释和演示，这无疑提升了园所美术活动的探究意识和能力。由此所萌发的便是后勤办公室的教师们对国外各种园所课程的讨论：不同的课程模式是如何开展的，活动背后是否传承了课程的核心精神，课程开展的瓶颈是什么……教师们的讨论也激发了我对园所课程文化建设之路的进一步思考：这条路需要以教科研文化建设为基础，以教师所开展的活动为根本，以中层干部的引领和梳理为保障，以第三方研究力量的扩展为有效支持。

园和园之间的联动也是加快园所发展的有效途径。以协同创新项目和手拉手园为合作平台，西城三教寺园和房山佛子庄中心园开始了不同层次的合作。3月16日，王岚园长、陈琳副园长和科学活动教学骨干兼小班教研主任齐彤老师与杜淑平园长、王玉平主任等就乡土课程文化的建设进行了深入的探讨。这次探讨理出了一条以"玩泥巴"为点所开展的各领域活动设计和课程梳理的思路。这条路借鉴了三教寺园园级主题活动开展的经验。城乡不同的园所有不同的文化资源，对资源的利用与开发取决于区级、园级的引领和支持，也取决于对文化的深入解读。两所园的交流与互助有助于彼此对自身的文化系统更为敏感，从而更好地去开发和利用。

4月1日　晴　第五周——"行知合一，美美与共"

智慧来源于实践及反思。实践是首位的。实践中，我们全方位地面对并应对各种事件，特别是各种随机事件。幼儿园各岗位的工作都对教师的做事能力提出较高的要求。如：园长要应对园所内外的各种关系的协调事项；建设分园时干部们需要与设计、绿植、家具造型等合作机构多次商讨，并及时处理好与邻近机构的和谐关系；教科研队伍要面对一线教师的保教工作，针对性地予以指导和帮助,并随时发现问题以督促改进;各年级的春游活动更需要有序组织、随时应对突发事件。由此看来,对于幼儿教师而言,实践或做事占用了她们的绝大多数时间;与此相应的,她们动手能力和语言表达能力较强,面对幼儿时思维敏捷,行动迅速。

面对幼儿园的工作特点,如若不走近或不亲历她们的现场,教师教育工作者很难发现真问题,寻找到问题的根源所在,并提出有效的应对策略。教育实践场处于一个复杂的社会系统和文化系统中,每一位教师都在自己有限的能力和视野内应对实践中的具体问题。"当局者迷,旁观者清",参与活动的观察者——如园所干部、区教研员、研究者等可能基于自己的经验、判断和学术视野等不同角度去解析现场中的复杂性。每一个观察主体都有各自的优势,然而,指导和帮助的有效性却需要内容和形式的统一,特别是语言和行为的表达方式要能促进教师思维能力的提升。思维能力体现在不同方面,如思维的流畅性、变通性、深刻性、拓展性等。简而言之,即思维的广度、深度、厚度。对幼儿教师而言,自我观察与反思能力是提升幼儿教师思维品质的根本途径;在实践中不断勾画主题活动的网络图是一种可参照的具体方式。

于己而言,作为一个教师培训者和教师教育的研究者,在这周丰富的活动中,观念和行为都有不同程度的改变,从而更好地为自己的工作和生活定位。在陶然亭庄严的纪念英烈的活动中,深刻体验了幼儿教师们活动的严谨性。陈老师和活动主持人从踩点到准备花束,从党员、团员的献词到学习感悟,从一一鞠躬献花到默哀,幼儿教师们在纪念性活动中提升着生命的品质;随后,在春天美妙图景与歌声的游荡中,老师们也展示了幼教职业对生活的深刻影响,时装走秀、舞姿飞扬、回眸一拍……在一起而不失个性,正所谓"心飞扬、情共长"。在大观园大班组的活动中,孩子们在老师的引导下游览滴翠亭,对柳咏诗;在怡红院、潇湘馆仔细打量黛玉和宝玉的服饰、发型;

对黛玉葬花的时间和朝代萌生疑问,对潇湘馆为何生长竹子有不解;她们希望宝玉和黛玉能结婚……更为重要的是,孩子们也为公园游客赠送了环保袋、装饰了爱护草坪图标和精致鸟笼,穿着自制的清朝服饰,演出了一场盛大的"古装秀",……通过各种方式向社会宣传环保意识和方法。当然老师也挑战了我的知识面和面对孩子讲故事的能力。宣武分院冯辉老师《以法施教》的讲座激起了老师们的共鸣,深刻讨论着各国各地可参照的教育经验,并警惕危害孩子身心安全的种种行为,一致认为保护孩子的身心健康是幼儿教育中最重要的事情;老师们在长期的实践工作中,不断思考着幼教工作整体需要改善的方面,幼教职业人需要意识到的种种问题,这是一个从行到知的循环不断的过程。

无论是对以幼儿教师为职业的个体,还是对寻求社会中立足其他职业的个体,作为社会中的一分子,都各自履行着职业的义务和道德,都是在长期的实践中摸索经验,从行到知,在一起有效合作,共同生活于当代社会中,寻求"美美与共"。这便是费孝通先生等社会学家所追求的社会理想,在这样的社会中传承中华民族的种种优良文化传统。

新的一月即将开始,四月最美,但愿在这最美的季节,收获最真;同时能够延续课程文化之思考,从教师成长这一角度进行连续的追问。课程文化之形成需要和谐教师文化的形成,从而与教科研文化良性互动,推进活动之改进,明确活动之间的多个连接点。

4月28日 晴 第八、九周——从一个田野到另一个田野

4月17日—28日,作为一个教育人在生活和工作的不同田野点之间行走,触角伸向了生活的多个角度和领域,同时也丰富了对工作和生活的认识。从约克培训所创设的中外文化交融的场所中(4月17—21日)与幼教一线教师的思维碰撞到北京教育学院同事间的策略分享与协同项目经验交流

（4月24日），从房山佛子庄园的乡村文化体验（4月28日）到三教寺幼儿园的园所文化吸收与共享（4月28日），从与园所科研教师的倾心交流（约克培训：学习共同体的建立）到与大学教师科研项目带动园所发展（一个课题与多所园的合作，4月27日）的体验。

每一步的沉淀都是为了走得更坚实。

5月4日　晴　第十周——协同研究新进展、智慧再增长

进入五月份，按照园所的工作节奏，教师们和我都共同迎来新的发展阶段，这直接得益于园所的引领，也源于我的工作单位教育学院国际培训工作的推进。于教师们而言，借助"西城杯"比赛前的专家指导及中美交流进行了全园范围内区域活动及环境设计的评价和调整，同时开展了大班年级组的首次读书沙龙，约克培训成果进行了园所转化和初次培训。在这些具体的工作中，教师们逐步明确自己的优势所在并成就工作中的亮点，照亮园所的多个角落。于己而言，在园所里找到了自己的位置和价值感，借助高端培训的力量来进一步梳理园所文化发展的思路，并寻找与园所教师的合作点，通过行动研究来推进课题进展，并逐步找到课题在园所工作中的最大价值。

《人类学视野下的园所乡土课程文化建设研究》这一课题需要深入浅出地向教师们传达一种思想：乡土文化是传统文化的根基；传统文化浸润在教师的一言一行中，但需要自主发现、自觉运用，创造性地发展。教师中的先知先觉者正在从事并享受这样的工作。如年近五十的长椿街幼儿园的王欣老师。"永结同欣"是王老师的笔名，她两年前源于朋友推荐开始学习水墨画，通过临摹名画来与古人对话，并大胆将水墨画创作引入到小中大班的教学中；改变的不仅是自身的精神状态，更迎来了教育状态和观念的转变。为了给孩子们提供更好的创作环境，她开始学习古筝，研读古诗词。王老师因此而选择并创造了另一个不同的人生，豁达、纯净、安宁，进而将这样一种感受融

第三章
协同研究的历程——行动研究单元和田野生活片段

入到生活的所有事项中。在西城区十几年的幼儿美术教研中,她不断感染着一批批年轻的教师,因而也将水墨之精神播撒给更多的幼儿。"三十年磨一剑",她行走在一条幸福而充满创造性的路上——思路更加开阔,精气神更加足。

正是走进幼儿园,读懂幼儿教师,理解园所工作的区域环境,才真正理解了区教研室和区教委给予幼儿园发展所提供的第一平台,在这个平台上,新教师、各领域教师、骨干教师赢得了各得其所的学习机会和发展机会;而在市级层面,我们教育学院又搭建起另一个更大的平台,使幼儿园与大学、与国际前沿资源共享、相得益彰。于是,从园所中层干部和骨干教师开始,我们便找到了一条更便捷的研究之路,这条路可以使理论和实践天然地结合在一起。这便也是国外学前领域工作者在走的路。

5月18日 晴 第十三周——田野研究的阶段性回顾

田野研究者和实践者是共生共长的关系,然而,却也需要一段时间来沉淀和回味,进而更好地融入实践者的团队。

入园学习已三个月,头脑中首先浮现的便是幼儿教师的思维方式与品质。幼儿园有着随季节变化的形式各异的活动,即便是室内的区域活动、主题活动也随着幼儿兴趣的发展与变化而处于不断调整中,然而,活动的丰富并不必然促进思维不同维度的发展,特别是思维的深刻性和系统性品质的发展。思维的深度取决于对某一问题长期而又持续的思考和学习,思维的系统性则依赖对某一个问题不同角度和层次的思考或是与不同学科或年龄群体的持续交流。每个人在成长的过程中都有一个共同的追求——对自我的不断审视和成全,这既是个体发展所需,更是这个变化多端的社会所需。为此,与幼儿教师们共同开展认识自我、理解自我的活动是促进教师们思维品质发展的一个重要突破口。活动的有效性首先源于活动设计的系统性和严谨性。范梅楠提出人生活的四个要素：时间、空间、实体及其关系，据此可以设计个人成长的时间轴、空间轴和关系轴，或者可以演变出形式各异的图像。这便为我们解读自己并与同行交流提供了重要的素材。这样，我们便可以共同去提出各角度的研究问题，去探索幼儿教师成长的轨迹和思维发展的奥秘。

其次，便是幼儿教师的研究潜能的挖掘。研究正如幼儿在活动中的探究一样，它首先是一种源于好奇心而产生的尝试性的想法或行为；在验证想法和行为的合理性的过程中便有可能逐步产生探究的方法；持续的探究则会换来惊喜或可推广的小成果。这样的过程循环往复就会促进师幼共同的成长。然而，幼儿教师的研究需要伴随有及时而有效的跟踪性指导，特别是在研究问题的确定、研究思路的整理和研究方法的科学性上给予帮助。班长是班级课程建设的引领者，帮助她们系统性地理解课程，掌握课程资源开发的方法并自主评价课程实施效果也是研究者的当务之急。

再次，课程是文化的重要载体，文化是课程的源头活水。而文化就广泛存在于我们生活的各个角落。我们需要培养的是对自身文化敏感的心灵和善于发现的眼睛。如何培养我们对文化的敏感性呢？我们需要走出去，需要去理解他人的文化，进而在差异中丰富我们的感知能力，最终促成我们更好地理解自身。从这个角度讲，幼儿教师们需要有一个可参照的非工作场所的园所或文化环境，这个园所或文化环境是她们非常便于触摸和感知的地方。园所干部可以给予方向性的引领。

最后，当课程的主人——教师的研究潜能和课程开发潜能得以充分发挥后，一所园的课程文化乃至园所文化便有可能自发生成。此时，领导者和研究者的顶层设计或是自上而下的推动将助力于园所文化的最终生成。

以上简略呈现了园所文化建设的重要环节，然而，实践工作中随时会面临各种困难或机遇。这是因为每一位教师都是文化建设的主人，她们有不同的个性、专长、悟性等。这就需要园长和中层干部遵循点——线——面——

体的基本原则,来搭建不同的平台,并通过制度来推动各个平台的良好运行。其中,多元评价的平台是极为重要的。这个平台需要由园级、区级、市级等不同单位的志同道合者合作建设,不同的主体会提供不同的视角和方法。

以上这些思考源自于田野生活中与实践者合作和交流后的及时整理,通过这次整理明确了园所理念系统的基本构成,理解了宣南文化对园所精神文化、制度文化和环境文化的深刻影响。同时,也认识到实践者和研究者之间始终存在的一个时间差,实践者首要追求的是实用性和及时性,而研究者首要追求的是科学性和系统性。这可能也是一线工作者在繁忙、紧张而有序的工作中常常遗忘研究之重要性的一个原因,也是研究者因理性审视而在实践能力上逊色于一线教师的原因。因此,真正的教育研究者要么需要出身于一线教师而不断提升自我,要么需要敏感于实践并与同行者合作。在一种"和合"精神下促进双方的共同发展。

6月9日 晴 第十六周——课程文化的新理解

三教寺已经形成了"和合"理念下的课程文化。这种课程文化改变了我在课题研究之初的假设——认为课程文化包含课程理念、课程制度、环境创设和团队价值观。对幼儿园而言,课程本身是一种活动,是一种生活经验的传承和迁移,教师不断地通过通力合作设计活动便会形成一种课程文化。课程文化的要素需要对"设计活动"进行分解,如设计活动的创意性、设计活动的严谨性、设计活动的分工与组织、设计活动的实施与总结、活动展示效果的编辑和宣传等。先有活动后有文化,文化的形成又反过来促进活动开展更上一层楼。由于幼儿园没有固定的课程内容,所以不同园所课程文化便显现在教师们活动设计方面;而活动设计的深意首先取决于对区域文化的挖掘力和理解力方面。所以,可以说帮助教师理解区域文化是促成课程文化形成的一个重要因素。

欢乐季结束后将是大班的毕业典礼季，同时也是下园锻炼的短暂结束。回味实践的生活，美好而又温馨，从一个单纯的研究者到一个做人做事更加顾全大局的教师，确实从意识上发生了一种蜕变。未来的工作中，将会不断践行"中和位育"的思想，从而去成全自己的兴趣和大团队的共同发展，努力去过一种完满的生活，即使她在人类历史长河中只是短暂的一瞬。感谢与这所园的相遇、相交，未来一定会有一种延续的，因为她已然成为我生命中的一部分；也希望我常日里为营造这样一种欢乐而和美的文化努力。

房山佛子庄中心幼儿园的协同创新项目是基于特定问题的整园推进，由此而生发的研究课题既需要关注班级层面的课程文化建设，也需要对一所园的文化建设进行整体层面的了解和研究，这是自下而上和自上而下两条不同的研究路径。为此，三教寺幼儿园具体田野点的确定主要根据教师工作岗位和具体地点来确定。中一班和中四班作为两个重要的教室田野点，办公室及会议室作为探求不同岗位教师合作机制的两个田野点，"户外"则是幼儿园教师在园内与园外资源间不断展开多方交流的田野点。田野点的合理确定有助于获得全面而丰富的田野资料。

田野日志是在田野点即兴完成的；田野周记则是在一周的田野生活后静心思考而完成的，这里内含着对协同研究中核心问题的整体性思考，部分语句在二次审读中进行了修改，但同时也保留了现场的手稿，留待以后作对比使用。正是现场的真实感受促成了研究者对协同研究过程的理性思考，表达真实感受的文字将一次次促成理性成果的丰富和完善。

第四章
协同研究的成果
——乡土课程及课程文化的阐释

第四章
协同研究的成果——乡土课程及课程文化的阐释

协同研究的宗旨是所有参与成员的共同发展。衡量个体发展的标准不仅仅是论文的发表和著作的出版，更体现在个体对"乡土文化"与"幼儿园课程"建设的理解、热爱以及行动中。幼儿园教师是在班级行动中传播乡土文化、利用乡土文化建设课程的主体，园长是教师乡土课程开发的引领者和直接促进者。而教研员和高校教师则是对乡土课程及课程文化进行整体研究层面的设计、推进与有效评价，最终提升对乡土课程、乡土课程文化建设的理论阐释。

第一节 班级中幼儿教师成长

协同研究中，房山佛子庄幼儿园和三教寺幼儿园各班的教师都是课程文化建设的主体，在众多教师中，果红梅老师和张妍老师作为重要的合作者而更有力地凸显了班长在班级建设中的价值。果老师的协同创新项目总结和张老师在班级管理中的日常故事直接展示了两位教师在班级中的行动，进而充分证明班级是幼儿园乡土课程及课程文化建设的主阵地。与此同时，两位教师在协同研究中的发现问题和解决问题的能力得以提升，更加自主地推进个性化的教学探究进程。

一、教师个案

个案一：

果老师是一位转岗教师。佛子庄乡中心幼儿园建立之初，她从附近一所小学转岗而来。协同项目中黑龙关庙会活动总结研讨会上，我们第一次相遇，从一系列活动的方案设计到研讨会中对个人观点的主动表述中，她鲜明的个性得以逐步展示。随着交往次数的增加，她每日写活动日记的习惯，活动前调研计划的实施以及主动请教问题等诸多教学细节成为我关注的焦点。项目结束时，她交给我一份翔实的项目总结，沉淀了她三年的努力和心血。

协同创新项目课题研究体会[①]

通过对"基于幼儿社会性发展的乡土课程资源开发与利用"协同创新项目课题研究方案的学习与实践，教师的教育观念转变了，教育行为也发生了转变。和孩子们参与的每一次活动，教师都能够站在孩子们的后面，观察孩子们的行为，发现孩子们的力量，促进每一个孩子社会化的进程。为孩子们创设不同的情境，扮演不同的社会角色，发展他们健全的人格。

一、以幼儿的兴趣为抓手，充分挖掘乡土资源，开展实践活动

1. 种植活动（大班第二学期）

本次活动源于春游的一次爬山活动。孩子们看到田野里到处都有忙碌的人们，就主动上前与他们打招呼，问他们都在做什么，感兴趣的孩子还会拿起铁锹在地里掘几下。这激发了孩子们想参与种植活动的兴趣。幼儿园正好有一片空地，可为孩子们所用，便开展了一系列的种植活动。小农民的四季生活便从春种开始了。

孩子们先调查本地区春季适合种植哪些蔬菜，讨论决定班级计划种植哪些蔬菜。围绕你喜欢种哪种蔬菜展开讨论，幼儿分组并制定本组种植计划。在实施计划的过程中，遇到问题也是以小组的形式解决，并通过填写班级种植计划表来与大家分享解决办法，进行经验交流。在整个种植过程中，幼儿

---

① 这是2018年12月房山佛子庄中心幼儿园果红梅在协同创新项目"基于幼儿社会性发展的乡土课程资源开发与利用"结束时提交的个人总结。

第四章
协同研究的成果——乡土课程及课程文化的阐释

体验了分工、合作、连续观察并记录、发现问题、解决问题、体验收获的喜悦及分享等能力和社会性品质的培养。

2. 区角活动——宝宝农场，教师结合幼儿年龄特点将乡土课程与区角活动结合在一起共同进行（小班第一学期）

对于刚入园的小班幼儿来说，娃娃家是他们最喜欢的游戏场所。考虑到他们正处在分离焦虑期，无法像中大班孩子那样开展乡土实践活动，结合乡土课程、小班幼儿发展水平、认知水平，我便增加了娃娃家的游戏内容。如：摘豆角——串豆角——晾晒；剥花生、砸核桃、磕向日葵的瓜子、晾晒山楂干——制作山楂水等。将一些农作物投放在娃娃家，应孩子的要求也将其命名为"宝宝农场"，让幼儿在游戏中唤醒他们的生活经验，在游戏中体验家的感觉，再现家中情景。这些活动加快了幼儿适应幼儿园生活的进程，幼儿交往能力、语言表达能力、手部小肌肉得到了发展，幼儿的角色有了更多的定位。

3. 石头主题活动（小班第二学期）

孩子的天性就是喜欢玩，喜欢收集。一块小石头在孩子眼里便是无价之宝，尤其是那些颜色漂亮，形状各异的小石头更是爱不释手。于是我们便开展了关于"石头"的主题活动。通过捡石头（发现石头的特性、形状、大小、颜色的不同），孩子们一起想办法把石头运回幼儿园（孩子们不怕累，相互帮助）到与小石头一起玩游戏，衍生出一系列活动。

4. 玉米主题活动（中班第一学期）

孩子们经历了"春种、夏长"两个季节，九月份开学孩子们便参与了"掰玉米""掐谷穗"两次秋收活动，将孩子们带到田野中去亲身体验劳动。秋天的田野里到处洋溢着秋收的景象，农民在忙碌着，他们脸上洋溢着喜悦，嘴里叨念着秋收的话题。通过视觉效应，让孩子对比春种——秋收两个不同的场景，感知秋天是一个收获的季节，从触觉、视觉、听觉体验收获的喜悦。

幼儿园乡土课程文化建设协同研究

在开展"玉米"主题活动时,幼儿是每次活动的主人,教师只是活动的参与者、支持者。孩子们从结合已有生活经验制定掰玉米的计划到实施后发现问题,进行调整获取新经验。孩子们在剥玉米的过程中,探索出多种不同的去皮方法;拿着剥好的玉米自娱自乐,玉米棒当作麦克风唱好听的歌,当作吉他悠闲地弹奏,把捆绑好的玉米当作耳机陶醉地听音乐;用玉米皮做手环戒指;将晾晒好的玉米脱粒,探索出又快又省力的脱粒方法,和玉米轴一起做游戏。教师站在幼儿身后,根据幼儿兴趣衍生出一系列玉米课程。

二、利用乡土资源开展实践活动,开阔了教师的视角,能够抓住身边的教育资源、教育契机建构课程

1.对乡土文化课程有了全面的认知。以往提到乡土课程会想到大自然,也就是将孩子置身于自然中并获得发展。通过参加课题研究,我了解到乡土文化可以从人与自然(小农民的四季生活)、人与人(家乡的风俗)、人与自我(民间的游戏、故事、本乡的风景名胜等)、人与祖国四个方面来界定。

丰富了我对佛子庄乡乡土文化的认知。佛子庄被誉为神仙居住的地方,是"神龙福地、天梦之乡"。这里不但有远近闻名的银狐洞,还有真武庙、龙神庙、佛香禅寺等寺庙,道教、佛教文化源远流长。二月二龙神庙的祈雨节久负盛名,狮子会、银音会被列入市区级非物质文化遗产。佛子庄乡地处深山区,拥有丰富的自然资源,山上的植物、泥土、石头、树木等都可以成为我们的教育资源。这里生活着一代又一代朴实、勤劳的人们,他们是文化的传承者,也是地域特色的打造者。通过参加课题研究,我有幸带着孩子们一起去认识佛子庄的自然资源、民俗文化、乡土人情等。我们身边有这么丰富的教育资源,而这些教育资源又是孩子们所熟悉的,何不拿来促进孩子的发展?

如二月二龙神庙庙会以祭龙神来寄托祈龙赐福、风调雨顺、五谷丰登的愿望。庙会上各个民间花会都会来演出,还有吹糖人儿、捏泥人的民间艺人

第四章
协同研究的成果——乡土课程及课程文化的阐释

来展卖等。为了让孩子们了解二月二家乡的民俗文化，我们组织了二月二逛龙神庙庙会的活动。庙会活动我们已经组织了三次，第一次从幼儿游客的角色逛庙会，第二、三次幼儿以演员、商贩的角色参与到庙会中来。教师都是从幼儿兴趣点出发去开展活动的，以不断推动幼儿社会化发展的进程。

第一次龙神庙庙会活动后我们发现孩子们对演出、捏泥人感兴趣，第二次活动在此基础上征求孩子们的意见为幼儿提供了表演、展卖（泥塑作品）的空间，第三次庙会活动孩子们丰富了展卖的物品。在经历幼儿园元旦庙会上展卖冬储食物后，他们想将这些食物带到龙神庙庙会上展卖，一定会很受欢迎。在这次庙会上我又发现孩子们有不明白的问题，在家长的带领下可以勇敢地去找道长或者龙神庙的工作人员寻求答案，如"龙神庙真的有黑龙吗？它在哪儿？""龙神庙为什么要供奉二郎神、十二生肖呀？""吃斋饭不要钱，为什么还有人往盒子里放钱呢？"等等。孩子们的兴趣点已经转移，明年的龙神庙会我们会应孩子们的需要扮演"讲解员"的角色，让孩子们在深入了解龙神庙文化的同时，向弟弟、妹妹或游客们介绍龙神庙的文化。

2. 对幼儿社会性发展有了全新的认知。幼儿的社会性发展不单单指幼儿的社会性品质发展，也包含着幼儿社会化的发展，即不同的活动，幼儿的角色定位不同。

如种植活动的开展，孩子们的角色定位是农民。为了丰富孩子们对于种植的经验，我通过问卷调查的形式让他们知道春天本地区都可以种哪些蔬菜，再讨论决定我们要种什么。对于怎么种这个问题，一是让孩子向家长调查，二是我和孩子们一起去田地里看一看，农民伯伯是怎么种地的，都种了些什么。在与农民伯伯一起交谈中孩子们知道了他们早上要早起上地，晚了天热干活儿容易中暑。孩子们尝试用铁锹、镐整地，他们发现地太硬根本挖不动。力气大点儿的男孩子挖几下手就疼了，还很累，出了很多汗，特别渴，体会到了农民在地里干活儿很累、很苦。

幼儿园乡土课程文化建设协同研究

在"小农民的四季生活"中，孩子们深深体会到了春种的辛苦，夏长的神奇，秋收的喜悦，冬储的满足。在冬储活动中，孩子们又拓展出厨师、商人的角色。幼儿眼中的商人就是卖东西要大声吆喝。在老师的支持引导下，孩子们了解到商人为了把商品卖出去还会有一些营销小策略。如：制作宣传海报、展板，降价、买一送一等。孩子们在元旦庙会上为了让小朋友们和老师们来我们班买贴饼子，他们在活动区制作贴饼子让大家品尝。品尝完走的时候，还不忘告诉他们要是还想吃，元旦的时候去中班买，还会有很多好吃的。在开展二月二龙神庙庙会活动时，孩子们从大班哥哥、姐姐那里学到了可以做宣传海报告诉大家我们的活动。孩子们结合已有的生活经验知道宣传海报不但可以贴在墙上，还可以发给大家看。他们也知道人们看完了海报会随手丢掉，有的孩子建议发海报的时候要告诉大家：海报看完了别扔，还要给我们送回来。在展卖现场，孩子们知道了大声地吆喝是远远不行的，还要向大家介绍我们的商品的优势以吸引顾客。如：绿色食品、我们亲手制作的等等。知道了现实中商人也有烦恼，遇到难缠的顾客要耐心地解答，想办法把自己的商品推销出去。面对讨价还价的顾客要学会变通，降价或买一送一等。商人还要准备微信码，顾客没带钱可以扫码支付。这些都丰富了孩子们对商人这一角色的认知。

3.通过学习实践我对"课程"这一概念有了了解。课程不仅仅是一节教育活动，而是由一次活动衍生出来的一系列活动。我也知道了如何抓住幼儿的兴趣点去繁衍新的课程。如：石头主题活动的开展，先让孩子们自由地玩石头，找到孩子的兴趣点后生成课程。孩子们对滚石头感兴趣，抓住这一兴趣点生成活动"谁的小石头滚得快"，孩子们在玩中探索滚动与斜坡之间的关系。孩子对拼摆、搭建感兴趣，我们就去捡来更多的石头投放在活动区，供孩子们自由地拼摆、搭建。慢慢地孩子们开始尝试几个小朋友一起拼摆、搭建，萌发了幼儿的合作意识。他们在不断尝试中（倒了再搭，再倒再搭）

第四章
协同研究的成果——乡土课程及课程文化的阐释

发现，要想房子搭得高地基一定要稳，而且知道了要把大石头放下面小石头放上面的道理。体验共同搭建的乐趣获得成功的同时，也知道了遇到问题要想办法解决。岐岐拿来一本关于石头的书——《神奇的小石头》，孩子们看了非常喜欢，也想拥有一块神奇的小石头。抓住孩子的这一兴趣点，教师为孩子们投放了一些关于石头的书籍，在区域里投放了更多的石头供幼儿创作小石头变形计，并生成活动"小石头去旅行"，通过问题的引入"你想带小石头去哪里玩？"开展活动，孩子们的说法五花八门。由此教师们生成美术活动，小石头穿上×颜色的衣服，去哪儿旅行，和亲子石头创作活动。

三、利用乡土资源开展实践活动，加快了幼儿社会化的进程，有利于社会性品质的培养

"生活即教育"，让幼儿投身于幼儿园这个大家庭中，幼儿不再是独立的个体，让他们在大家庭中扮演不同的角色。如：开展"小山娃逛庙会"主题系列活动中，孩子们在逛庙会时角色定位是游客，去游玩了解本土文化；参与庙会的演出，幼儿的角色定位是演员；庙会上大声地叫卖自己的泥塑作品，幼儿的角色又转换成商人。每一个角色的扮演幼儿都会根据自我需求及与社会人之间的交流。种植活动幼儿的角色是农民；分享劳动果实的时候幼儿的角色是厨师；秋收时幼儿的角色又变成了农民；冬储后，将自己制作好的食物进行买卖时，幼儿的角色又是商人了。所以在实践活动中让幼儿体验角色的转换，让幼儿了解每种角色的需求，建立人与人之间的联系，必定会加快幼儿社会化的进程。

以往培养幼儿互助、遇到困难知道想办法解决或寻求帮助等社会品质，都是通过故事教学对幼儿进行教育。幼儿获得的是间接经验，往往不能引起共鸣。而实践活动是一个真实的情境，孩子们是活动的直接参与者，他们会在感同身受中培养各种社会性品质。如：孩子们在掘地、种地、收获中真正体会到了劳动的辛苦，他们会爱惜自己的劳动成果，主动帮家长做一些力所能及的事，分担家务；他们会爱身边为他们服务的人，这种爱是真实情感。

在一次次的活动中，孩子们会遇到困难，会想办法解决或寻求帮助，共同解决。战胜困难后，他们获得的喜悦也是真实的，真正明白相互帮助的同伴情谊的真谛。孩子们在收获果实后，他们渴望让大家品尝，与同伴分享劳动的喜悦。他们希望得到更多人的认可、崇拜，他们会跑上跑下，跑遍幼儿园的每一个角落与人分享。他们分享的对象不再是同班的伙伴，而是全园的小朋友、老师，所以这个时候的分享是真分享。

总之，通过开展乡土实践活动，在建构乡土课程的过程中，教师收获的是成长与家长的认可，幼儿收获的是快乐与发展。今后我们会继续挖掘生活中的教育资源，践行"生活即教育"的理念，让孩子们在游戏中学，在实践中习得新经验，获得发展。

果老师的总结呈现了一位班长在班级的行动研究单元中曾经开展的种植活动、石头主题活动、玉米主题活动、二月二龙神庙主题活动以及区角中的宝宝农场活动。在这些活动中，果老师成为幼儿的幕后支持者，"站在孩子们后面观察孩子、发现孩子的力量"，帮助幼儿不断适应新生活、主动与人交往并进行多种社会角色的体验——农民、厨师、商人、导游等。换个角度看，正是班级中与幼儿、合作教师的共同生活促成了果老师在三年中对"身边的教育资源和教育契机"的利用以及对"生活即教育"理念的深刻理解，班级是幼儿教师成长的重要场所。幼儿教师的成长源于与幼儿、合作者的有效沟通、多层互动及活动中的共同探索。班级是师幼之间、教师之间、教师和家长之间和谐关系建立的关键场所，班级成就了幼儿园美好关系的缔结。

果老师挖掘资源的起点不是个人的喜好和无意识选取，而是基于幼儿的兴趣点和自然需求。如根据春游活动中幼儿向农民伯伯请教种地并尝试使用农具而开发了种植活动。果老师在四季活动设计中善用项目课程框架而定位

第四章
协同研究的成果——乡土课程及课程文化的阐释

课程的价值和活动间的内在联系。以此来促成幼儿社会性品质的持续提升。基于幼儿，为了幼儿而开发资源，在正确的价值判断下设计的四季活动具有内在联系性，这是课程文化品质提升的根本保障。

个案二：

张妍老师是三教寺幼儿园的区级骨干教师，平易近人而又积极进取。工作二十年来，不断在班级中探索教育和管理的新经验、新方法，并通过交流和书写来与更多人分享个人教学和管理成果。在区级教研活动的组织下，张老师围绕班级体育活动的开展、班会的开展以及班级教师的合作与引领等进行了写作与交流；张老师也是房山佛子庄幼儿园的新教师李梦晨的指导教师。田野研究中的交流促使我对张老师的成长经历有了更清晰的了解，因而也懂得了她"光环"背后的努力付出。

班级管理小窍门[①]

职初期教师比较年轻，有一定的工作经验，有一定的工作能力，但经验还是不够多，工作还是需要指导与关注。但职初期教师大都比较有追求，学习积极性特别的高，愿意尝试多种教育形式的活动，但也经常喜欢做一些自己喜欢、擅长的工作。

- **职初期管理技巧**

1. 鼓励职初期教师发挥优势

做事认真细致、勤学好问是徐老师的最大优势，但从事教育工作经验还不丰富，所以需要不断地锻炼和一个经验积累的过程。开学初我们就班中

---

① 2017年5月田野研究阶段，张妍老师作为重要合作伙伴为我提供了个人的很多文字资料，包括《"弯弯绕绕"主题活动设计》《班级管理小窍门》《班级体育活动的开展》《班长如何开好班会》以及《班级管理个案》等文章。这是节选自《班级管理小窍门》。

工作进行了分工，徐老师主要负责班中活动的文字梳理、照片收集、微信制作等工作。看似平常又烦琐的工作，对于徐老师来说发挥了她认真细致的优势，整理得非常清晰，为本学期班中上交收集工作做出了很大的贡献。对于她自己来说，在收集、整理、归类的过程中也是一个积累活动经验、丰富活动实践体验的过程。

2. 遇事大家要一起讨论方案

在本学期我还将班中家长园地的工作交给了徐昱瑾老师来完成。活动开始，作为班长我并不是袖手旁观，但也不是包办代替。开学初我们三位老师还是先一起讨论了对家长园地的设计思路，多请青年教师去思考；引导青年教师站在幼儿与家长的兴趣点的基础上，去体验孩子与家长的情感与需求。当开展过程中徐老师遇到困难的时候，我也把困难当成自己的困难；把自己的需要转化成年轻教师的需要，让丰富有趣的活动代替枯燥无味的说教。本学期徐老师的家长园地工作还是完成得比较出色的，不但调动了家长们参与的积极性，还引发了孩子们好几次精彩的辩论大会。

3. 表扬具体，问题单独沟通

对于青年教师的表扬是必不可少的，但如同对孩子们的表扬一样要具体、要及时，让青年教师认识到自己到底是好在了哪里，成功在哪里，今后的努力方向在哪里。当青年教师有问题的时候，我们也不能简单处理，轻易放纵。例如我看过几次徐老师的教学活动，发现徐老师还是存在一些问题的。于是我单独找到徐老师沟通，表扬与肯定了徐老师做得好的一面，比如教具准备丰富认真，教育中尊重孩子等优点，但也存在目标制定不够清晰、设计环节不够合理等问题。我们共同认为磨课还是很有必要的，磨课的过程是教师成长的过程。并总结出从设计中要磨出价值，从目标中要磨出方向，从实践中要磨出智慧，从反思中要磨出收获。徐老师的活动也在一次次的磨课中逐步地成长与提高着。

4. 承担责任，成绩属于大家

作为职初期的青年教师难免在工作中会有一些小的差错和不足，作为班长我从不以指责的态度去批评老师，而是耐心地询问原因，帮助年轻老师找到问题的原因和解决的办法。作为班长我们还要勇于承担责任，不能一推了事，有成绩是大家共同努力的结果，有问题班长要首先站出来承担责任。

● **经验型教师管理**

经验型教师头脑清晰，解决问题的能力也比较强。这类教师一般比较自信，并有一定的工作能力。作为班长，可以尝试放手，给这些老师更多的空间和支持，最大限度地发挥她们的主观能动性，使她们可以主动发展，在她们遇到困难时再给予帮助。

● **经验型教师管理小技巧：**

1. 包容接纳想法与建议

杨老师是个工作多年，有丰富教学经验的老师，对待班级工作会有很多智慧的想法，与这样的老师一起工作是非常幸福的。比如每次创设环境中，我们都会遇到一些难题与困境，杨老师都会凭借她丰富的经验提出一些好的想法，也解决了我们当下的问题。杨老师也是特别喜欢学以致用，一次看到一个水墨绘画方式感到非常有趣，于是在班中开始尝试，一开始我也抱有不解与怀疑的态度，这样能行吗？但看着杨老师兴致勃勃的工作状态，我还是和她一起尝试起来。还有一次是一个水粉的游戏活动，刚好我们要制作环保袋，杨老师提议就用滚筒混色的方式试一试吧，最后的效果还是不错的。

2. 善于运用他们的能力

经验丰富的教师也要善于运用他的能力。杨老师教学经验也是非常丰富的，指导实习教师一定没问题。本学期刚好我班实习教师多，杨老师自然也就承担起指导实习教师的责任，从环节指导、半日指导、户外指导、区域创设与指导都是认真细致地观摩,发现问题,然后耐心地与实习教师沟通,并商讨解决方法。在最后李梦晨老师上实习观摩课之前,杨老师一次次给她看课、修改教学计划、再看课、再修改教学计划,直到最后成功进行了音乐活动《小小演奏家》,收到良好的效果。

3. 给予一定难度的工作

经验丰富的老师也要给予一些有难度的活动,本学期杨老师多次承担了大型活动策划工作。在敬老院、春游风筝系列活动、今天我是小老师、爱心留在幼儿园等的班级活动中,杨老师首先能观察发现幼儿的兴趣点,按兴趣、爱好组织活动,利于儿童本位设计、组织活动,带领幼儿做计划、讨论、筹备……使每一名幼儿认识到自己是班级活动的主人,能有积极参加班级活动的需要。同时她还带动其他班中老师共同积极参与活动各个环节。这对杨老师这位有一定丰富经验的教师独立工作能力的培养和锻炼都有积极的作用。

4. 保证交流和沟通,促进不断进步

对于经验型教师,不能只停留在当前水平,要激励她们不断进步与发展。因此我会及时与杨老师交流与沟通,对工作成绩肯定与表扬,并激发她向更高的层次不断地努力与发展。例如可以多参加评优活动、珍惜每一次做观摩课的机会,每学期都有撰写有质量的论文等等。这些杨老师都在努力认真地完成着,也希望她早日获得更大的发展。

班级是处于不同发展阶段教师持续而又全面提升的"主战场",这首先取决于班长对各位教师的理解,以此为基础使教师发挥专长,实现自我价值。张妍老师注重职初期教师的培养,使她们敢于表达而又及时明确自身问题,因努力中获得肯定而勇担责任。

对于成熟期教师则包容其个性,提升任务的挑战性而使她们在持续进步中获得成就感。

第四章
协同研究的成果——乡土课程及课程文化的阐释

班长如何带领教师开展体育活动[①]

班长在开展班级体育活动时要注重：活动形式丰富性、活动内容适宜性、活动过程安全性。

（一）活动形式丰富性

班级体育活动主要内容：基本动作练习、体育游戏、器械类活动和游戏。

室内体育活动：体育教学活动、自由自选一物多玩活动。

要求：结合本班特点开展活动，均衡安排活动时间。

班级配合园级开展的活动：幼儿基本体操、体育开放区与循环区活动、远足活动、运动会。

要求：了解幼儿园大型活动安排时间、地点、场地、形式等；针对本班特点制定本班活动计划，人员安排、材料准备、活动形式、规则制定等；上报幼儿园审批后，准备材料、实施活动。

（二）活动内容适宜性

1. 适宜幼儿年龄特点

小班：有情景、有角色、材料新颖。

中班：有趣味、有挑战、动作发展。

大班：有合作、有竞争、规则游戏。

要求：熟知年龄特点，开展班级体育活动。

2. 幼儿动作掌握过程

定向阶段——模仿阶段——整合阶段——熟练阶段

要求：把握每一节体育活动节奏和每一个阶段体育活动安排。

3. 幼儿兴趣与需求

观察幼儿——制定计划——活动实施——观察幼儿——调整计划——活

---

① 节选自张妍老师《班长如何带领班级教师开展体育活动》。

动实施

要求：细心观察幼儿发展情况、兴趣热点，制定适宜的活动计划。

（三）活动过程安全性

1. 活动材料和场地的安全

材料：讲清规则、数量充足、没有破损。

场地：清除障碍、正确站位、空间充足。

2. 活动组织的安全

调查案例：提高教师预见性和安全意识。

班长在体育活动中要合理分工、有效合作。班长在班级体育工作中对把握一个班的发展方向、创设适合本班特点的班本体育课程，都起着至关重要的作用。在班级体育活动中，班长首先要引领本班教师观察发现幼儿的兴趣点，按兴趣、爱好组织活动，鼓励班员教师尝试观察、设计、组织活动。即便活动是以班长为主组织、领导的班级活动，同样需要班员教师积极参与设计、管理，这些对班员教师独立工作能力的培养和锻炼都有积极的作用。

体育活动具有灵活性、趣味性、运动性、安全性等特点，可以运用幼儿喜欢的方式支持他们的兴趣与爱好，还可以帮助青年教师顺利地解决带班中发生的种种问题。班长在班级活动中要充分发挥指导作用，诱导作用，引导作用。设计活动时要充分体现幼儿的主体作用，引导青年教师站在幼儿兴趣点的基础上，多请青年教师去思考如何体验孩子们的情感，让丰富有趣的活动代替枯燥无味的动作练习。在班级体育活动中要帮助班员教师树立正确、严格的安全观，把所设计的户外及室内体育活动在安全的情况下完成。班级活动要为幼儿的个性发展和完善、为个性特长的发挥搭建平台，通过班级体育激发幼儿运动热情、提高幼儿运动的兴趣，养成幼儿运动的习惯。

引领班级教师设计体育活动的要点：创造、自主、有层次、有针对性、安全、多样、趣味。在组织班级体育活动时，注意安全是基础，抓住规律是原则,趣味性强是条件,系列教育是途径,由内到外是目的,由浅入深是方法,利用时机是窍门。同时班长要把班员的困难当成自己的困难;把自己的需要转化成班员教师的需要,共同努力,共同进步。

张妍老师在班级中充分体现了教育者和管理者的角色。作为教育者,她尤其擅长于体育活动的开展和"特殊"儿童的引领;作为管理者,她善于发现教师的优点和不足,尊重教师的建议,促进教师间的有效沟通并以教育理念和"务实、创新"的班级精神来引领教师的行动。这样的班级环境使作为新手的李梦晨老师认识到自己的优势和不足,为今后回到房山佛子庄幼儿园班级乡土体育活动的设计与实施奠定了坚实的基础。

班级是两位教师行动的空间,是"教师之家"。两位教师在班级中付出了自己的智慧和情感,因此而使班级形成了特有的精神追求——"热爱自然、热爱生活""平等、团结、务实、创新";使教师之间形成一种合力,共同致力于班级各项活动的顺利开展。这里是课程文化形成的"前沿阵地",幼儿教师是课程文化建设的"生力军"。幼儿教师在班级中的一言一行都彰显着区域文化与幼儿园文化之间的互动力量(如图2)。

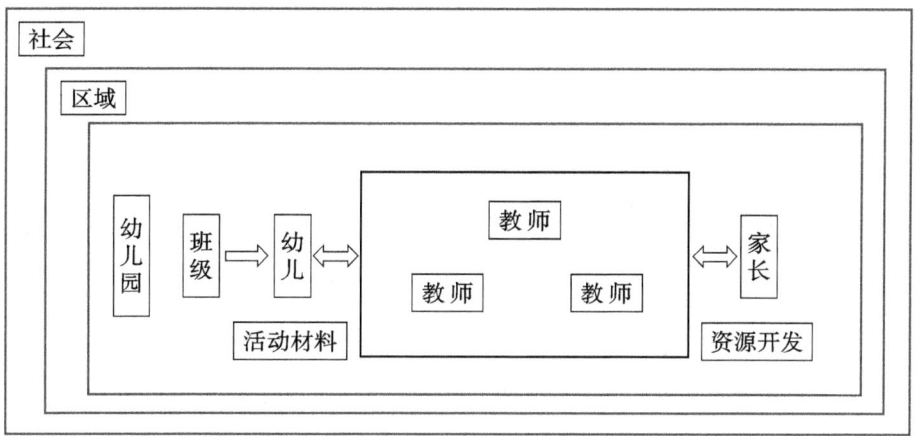

图2 班级内外部结构图

班级作为幼儿园的基本组成单位，承担的是教师、幼儿和家长之间和谐发展关系建立的重要任务。教师作为班级建设的引领者需要处理好个人和集体（多层次）的关系，需要认识到个体、社会与文化之间的互动关系，并在教育与管理工作中尊重幼儿的学习规律（意识和无意识的互动关系），尊重教师自身的成长规律（尊重实践性知识的文化性格和从自我认识、自我引领走向班级教学领导和事务管理的规律），尊重家长在社会大环境中教育观念和教育行为逐步更新的规律。班级文化建设有助于教师、师幼、家长之间关系的建立、教师的专业发展、教师与自我关系的解决，教师在成就他人的生活中成就自己。

二、园长及其管理团队——乡土课程体系的搭建者

田野日记

2018年1月10日　晴　2018年的第一次田野

这次乘坐着宋师傅的车，顺利地来到了佛子庄中心园。这是新年后第一次入园，却是要就2017年的项目实施及收获向园里骨干教师和中层领导做一个总结汇报。（邬园长在2017年9月任职）自从邬园长到来后，我们在一层小餐厅里吃饭，通常会有热乎乎的花卷或油饼，酱豆腐或咸菜；比较随意地攀谈后，我们就会开始上午的活动。

今天的活动中，孟师傅依然调好了电教设备，王主任倒好了茶水，其余老师则满脸笑容地等待着活动的开始。当把2017年的项目的概况、实施、收获与亮点、问题与反思向老师们做完汇报后，心里似乎卸下了一个担子，似乎把自己的思想传达给了老师们。此后，把2016年不同阶段的总结和"以研究的视角审视儿童和自身"与老师们也一起做了回顾，发现了两年活动中的一些关键点，意识到了老师们原本确定好的理念似乎需要项目持续跟进，同时，也帮助老师们使总结和反思成为自觉行为，使自己的工作能一以

第四章
协同研究的成果——乡土课程及课程文化的阐释

贯之。今天,也和老师们分享了安徒生和小百合幼儿园水墨画老师的成长故事,希望老师们在艰苦的环境中依然能有创造性的工作。最后,表明了明年将为老师们的成长搭建更多的平台。果老师和李老师汇报刚结束,因班里教师不足而匆匆回班。田老师作为有经验的老师不断表达着教师们的努力和对更多发展平台的期待。

最后,剩下园长和主任,我们更自在地谈了园所发展平台的问题,谈到一些老教师的状况,谈到今后的发展与规划。园长有不同的视野和长远的战略。

"我们要努力使老师们先把心打开,做一个自然的人。让教育回归自然的前提就是我们自身做一个自然的人。我们要尊重自然的生命成长,尊重教师的自然成长,在需要的时候我们为她们提供条件。遇到问题后,放松下心态来一起调整。教师要伴随孩子的成长,业务管理者要伴随老师的成长——给老师们提供一个方向、理念,让她们思考落地。理念如何让老师感受到?教科研中通过实践活动分析做好引领。这都以心灵的打开为前提。在每学期期末也要练兵,教育经验的梳理与交流、业务干部的点评,要持续进行。"听到这些话语,我再次意识到教育的真谛便是心灵的唤醒。

中午,饭桌上有拔丝红薯、鸡腿、蒜薹炒蛋以及几个凉菜。宋师傅从心理情绪发泄和转移的视角分析了老教师的状态,从不同职业的视角分析了法律和道德的关系。在两年的工作中,宋师傅作为车队负责人非常敬业、好学,与我们一起成长着。因为宋师傅对大兴十二幼近期艺术活动的介绍,我们再次走进陶艺室。田老师在寒冷的地方,认真地把玩着手中的泥巴,在这样一个小天地中展示着自己的智慧。她准备捏出一套艺人弹奏乐器的工艺品。桌上,堆满了孩子们刚刚完成的各种情境中的形象。秋收打枣的、采蜜的、一家亲的、爸爸和妈妈的、家门前狗狗的生活……农村孩子的形象不断浮现在我的眼前。田老师虽感冒一直没好,依然坚守阵地的精神令我感动。

因为，我曾有过相同的体验。为此，我准备及时整理我的实践素材、提炼理论，以我的笔来推广园所教师们的努力，写明她们的踏实与肯干，在现代社会展现这样一种乡村精神来滋养现代人的心田。这个时代，这里的精神是弥足珍贵的。当然，这也取决于宋师傅团队的新年规划给我的启发以及与我分享的清华大学副校长、刘焱教授、霍力岩教授等对教育学院青年教师的宝贵建议。宋师傅从旁观者的角度分析了我们成长的困扰。非常欢迎宋师傅加入我们队伍，期待与宋师傅下次同道去佛子庄。

这篇田野日记不仅呈现了园长、中层干部与教师发展的关系，也显现出宋师傅作为司机角色多次来园所分享的智慧。事实上，园长也邀请宋师傅等人为教师们拓展视野，体会不同职业角色中的精彩。而这正体现了园长对人力资源的充分重视。幼儿的快乐成长直接取决于班级教师，而这背后却需要一个强有力的干部团队和外来力量做广泛地支持与引领，理解教师的心灵，为她们心灵之花的自然绽放"疏松土壤、浇水施肥"；即使环境并不优越，教师们也愿意艰苦地付出而求得心灵的舒坦和自我满足。

第二节 理论研究者的思考

一、幼儿园课程文化的研究背景

目前，教育理论工作者对课程文化的关注日益增多，他们重在对课程文化内涵的探讨，① 指出课程与文化之间的互生性以及课程本身所具有的文化性。一方面，课程体现一定社会群体的文化；② 另一方面，课程作为文化

---

① 邵晓霞，王亚妮. 从"实然"到"应然"：课程文化的时代使命［J］.教育理论与实践,2013(3):36-39.
② 郑金洲.教育文化学［M］.北京：人民教育出版社,2000:45.

的一种形式，在其生成过程中自发或自觉地形成了一种教育文化，即课程中的理念、规范、环境及行为等形成的复合体。对于幼儿园课程文化，虞永平学者较早予以关注，认为文化环境是幼儿园课程建设的推动力量，民间艺术的生活性、审美性、实践性和综合性决定了其对幼儿全面和谐发展的重要价值；从教师知识和行事方式角度透视了幼儿园课程文化。[①] 目前，江苏、福建、浙江等地越来越多的幼儿园工作者基于园所工作经验的梳理而尝试建构幼儿园乡土课程模式，[②] 但没有对幼儿园乡土课程及其文化进行理论层面的系统研究。

二、幼儿园乡土课程文化及其形成

（一）幼儿园乡土课程文化的概念

根据课程与文化之间的互动性，幼儿园乡土课程文化具有两层含义：一是乡土文化为幼儿园课程提供丰富的资源，二是取材于乡土文化的幼儿园课程因其本身的教育性而形成独有的文化性格，并能有机融于乡土文化，引领并促进乡土文化的发展。乡土文化转型过程中，乡土课程文化以认同乡土文化对课程建设的价值为前提，同时也接纳新时代背景下多元文化对课程的影响。

具体而言，幼儿园乡土课程文化指的是幼儿园课程开发的不同主体根据幼儿的认识过程对乡土的自然、社会、历史等资源进行归类、提炼、加工与转化，科学设计并实施幼儿园的主题活动、区域活动、游戏及园所环境，在此基础上所形成的课程理念、课程制度、师幼互动关系及园内外多层次互动关系的复合体。幼儿园乡土文化形成的过程是一个文化整合的过程，是地方性的乡土知识和普世性知识有机整合的过程；课程承载的不仅是静态意义上的与当地人密切相关的生活常识、当地人的情感、价值观，更是一系列随社

[①] 虞永平.学前课程的多视角透视［M］.南京：江苏教育出版社,2006:66.
[②] 杨志群.农村幼儿园"百草园"乡土课程模式的构建——以苏州市相城区蠡口中心幼儿园为例［J］.江苏幼儿教育,2014(2):32-37.

会和教育发展而不断融入的现代科学知识及多元文化知识。课程开发主体包含幼儿园教师、民间艺人、家长等；课程实施重在多主体的参与、合作、探究和体验；课程价值在于帮助幼儿与自然、社会、自我达成和谐状态。

文化具有整体性，幼儿园乡土课程文化意在使乡土的优秀文化在幼儿学习的过程中逐渐形成一个有机整体，这是对幼儿生活统一性的尊重，更是对幼儿无意识学习过程的尊重。幼儿园乡土课程文化是可持续发展的，这源于幼儿园教育与包括乡土文化在内的多元文化间的相互促进以及幼儿、教师、家长和民间艺人等主体在乡土课程生成过程中的创造性、互动性及文化自觉性的不断提升。

（二）幼儿园乡土课程文化形成的理论分析

幼儿园乡土课程文化的形成伴随着幼儿园乡土课程建设的整个过程。从理论层面而言，乡土课程的建设源于乡土课程建设框架的确立，并在框架指导下对乡土资源进行分类挖掘与分析。实践层面，首当其冲的是乡土课程的阶段性实施、深度研讨与调整，这也是课程建设的核心环节；园内教师及园外专家的评价是课程建设的必要环节；教师理念的提升及对过程性资料的全面梳理是乡土课程文化形成的重要环节。从实践出发而对理论的关注与建构，需要基于田野研究中的丰富资料，并借助社会、文化和日常生活的互动理论来研究乡土课程文化，以此为基础来提炼乡土课程文化得以持续发展的重要因素。

1.核心概念和理论基础

（1）园所志

园所志这一概念源于人类学的民族志，经由对幼儿园田野日志的整理、归类等撰写而成，是研究者在一定阶段内对幼儿园师幼生活的整体性描述。园所志形成过程是对幼儿园不同生活情境中的田野日志以合理框架组合的过程，日志的结构化有助于对园所课程文化建设的整体性研究。

（2）社会、文化和日常生活互动理论

社会、文化和日常生活互动理论主要包括两个核心观点，一是日常生活是社会与文化同步发展的推动力量，二是日常生活中，集体意识和个体意识在有效互动中使得传统文化得以代代相传。该理论既有助于幼儿园乡土课程框架的建构和乡土资源的开发，即基于日常生活中人与自然、人与社会、人与自我的三种关系的处理，又能够为幼儿园乡土课程文化的形成与发展提供理论解释——师幼在园所内外的日常生活中实现观念和行为的转变，推动园所课程文化的建构。

进一步而言，幼儿学习的内容源于生活而又服务于生活。这里的生活即日常生活，它既显现着社会的样貌，又内含着特定社会的文化形态，因此，幼儿园对生活资源的利用以及课程建设框架需要把人与自然、人与社会、人与自我的关系纳入其中，促使幼儿对生活有全面的理解和体验。日常生活中，个体在不经意间传承着民族的优秀文化传统，集体的核心价值观成为个人观念中的重要组成部分。教师和幼儿正是在园所及家庭日常文化的浸润中习得民族的传统，同时又使这种文化传统在家庭、社区及幼儿园的生活中流动，因而被称为"乡土文化"的使者，而幼儿园课程文化的形成必将推动园所中的教师和幼儿更好地服务于乡土文化及乡村社会的发展。

2. 研究方法与过程

（1）研究对象与方法

民族志无论被应用到什么领域，都有一个核心前提，即通过与人们在日常生活中进行亲密的和相对长期的互动，来更好地理解研究对象的信仰、动机和行为。[①] 根据研究主题和田野研究的现实需求确定研究对象。佛子庄幼儿园地处山区中心位置，自然资源丰富、民俗深厚、历史悠久，被誉为"神

---

① 桑国元，王文娟.文化人类学视野中的教师研究：以一项师生互动研究为例[J].民族教育研究，2016(6):30-39.

龙福地、天梦之乡";从2012年至今一直致力于乡土课程的建设,这是研究深入开展的充分条件。因而被确立为田野点。

田野研究时间为2016年1月—2018年7月。研究阶段,房山佛子庄中心幼儿园共有22名教师,86名幼儿,小、中、大班各一个。研究中主要采用了参与式观察法、深度访谈法和生活历史法;共撰写72篇田野日志。

（2）园所志的基本结构

根据田野日志的主题和关键词归类,同时参照该园的"扎根乡土、回归自然、培养有根的一代人"的园所理念而确立了园所志的基本结构。如表1所示。

表1 园所志结构表

乡土文化资源开发维度	园外专家指导与支持		园内引领与生成		教师的自我教育与成长
	课程结构	关键词	活动案例	关键词	
农民四季生活	幼儿与自然	课题研究园所管理系统思维	快乐种植	行动研究三级联动社会实践	整合能力抽象与具体学习与转化
民俗事项	幼儿与社会		非遗达人		
公民生活	幼儿与国家		敬老爱老		

园所志始于对乡土文化的理解与乡土资源开发。乡土资源开发的主体不仅仅是幼儿园,也包括区级和乡级政府。根据房山一区一城——首都高端产业新区、现代生态休闲新城的功能定位,乡政府深入挖掘民俗资源,如二月二龙神庙所开展的银音会、乡民吃斋饭等多项活动。幼儿园在借助外援力量的基础上,积极收集和整理当地神话传说、民俗风情、名人名胜、山乡特产等乡土素材,研发教师阅读的乡土文化读本。这一过程中,幼儿教师增进了对家乡的理解。园所志的第二层次体现在两方面,一是专家根据乡土资源建立课程框架,即幼儿与自然（春种、夏长、秋收、冬藏）、幼儿与社会、幼儿与国家三维结构,并在课题研究、园所管理、系统思维培养等方面给予具

第四章
协同研究的成果——乡土课程及课程文化的阐释

体引领；二是园所管理者引领教师通过确立行动研究单元来研发乡土主题活动、社会实践活动等，市级、区级和园级的联动是乡土活动有效开展、不断提升的重要保障。第三层次体现在教师基于乡土文化的自主发展层面，教师既是乡土课程开发的起点，也是乡土课程文化形成的根本体现。此外，教师、幼儿、家长及专家之间所建构的"熟人"关系也是乡土课程文化的重要体现。

3. 研究结果与分析

（1）研究结果

园所志的三个层次从整体上展示了佛子庄幼儿园乡土课程文化的建设过程，其中包含着园外专家等资源与园内教师之间的有效互动，这种互动在一定程度上协调着园所领导与教师之间的关系。领导和教师的关系从根本上制约着乡土课程文化的形成。教师对领导的高度认可与支持有助于教师主动增进对乡土课程的理解、实践以及教师自我认同感的形成；领导对教师的理解与认同，有助于园内专业引领效果的提升。

园所志各层次的关键词显示出乡土课程文化的形成需要幼儿园着眼于四种能力的提升。一是园长、教师与园外资源的互动能力，特别是与园外专家的互动能力。专家既能够帮助幼儿园明确核心概念、建构基本框架，又能够通过课题的引领而提升园所的系统思维能力和整体管理水平。二是协调乡土文化和多元文化关系的能力。对幼儿与国家关系的强调是为了提升小公民在多元文化社会中生活的素养，幼儿与社会关系则重在引导"小农民"与乡土之间建立和谐关系，两种关系相辅相成。三是园所对学习内容的整合能力和转化能力。乡土课程的建构主体是教师，教师需要把园外各种资源有效整合并转化为自身建设课程的能力，这是教师实现自主发展的关键。四是幼儿教师"关系性"思维品质的提升和乡土情怀的培养，这是乡土课程文化建设的重要内容。乡土课程文化所呈现的不仅是园所经过长期实践摸索而形成的乡土课程体系，更是幼儿园与区域、市级等相关教育机构所建立的合作关系，是园外专家与园内教师建立的"伙伴"关系，是领导和教师之间的相互认同关系，更是教师对自我的肯定和主动发展——教师身体、心理及社会性之间的和谐发展。这正是乡土社会基于信任和无形的规约而形成的"熟人关系"，"熟人关系"的形成有助于教师思维能力和道德品质的提升。"熟人关系"并不是没有意见与分歧，而是基于相互协商能求同存异，取得"在一起"生活的最佳效果。

（2）理论解释

乡土文化的核心是基于人与土地的关系形成的人与人之间的礼俗关系，这一关系既体现在观念层面，也体现在行为层面。幼儿园乡土课程文化既内含着乡土文化的核心精神，又蕴含着幼儿园在乡土课程建设中所建构的新的"熟人关系"。

新的"熟人关系"源于园里的日常生活。幼儿园基于协同创新项目而与高校以项目负责人为首的专家团队建立起三年的合作关系，而区级教委及学前教研室专家是项目有力的推动者；不同区域的专家因长期合作关系而成为教师生活中的重要他人。教师的日常生活得益于"疏解非首都核心功能、打造和谐宜居之都"①的北京经济社会发展背景，得益于乡政府积极推动"新乡土社会"的形成。在这个过程中，乡土文化中的民俗事项等有助于凝聚乡民心力，为现代人建立精神家园。幼儿园作为社会的重要组成部分，师幼作为"新乡土社会人"，在民俗生活中成为传统文化的重要传承人，推动了社会和文化的同步发展。

园长和幼儿教师作为"新乡土社会"的知识分子，通过对谚语、歌谣、民间故事等的搜集和整理来理解传统日常生活中代际间传承的价值观，与此同时，在乡土课程中自觉运用日用而不知的口头文学素材来传播乡土文化的

---

① 杨生军等.天梦之乡佛子庄［M］.北京：中国书籍出版社，2014：2.

优良传统。这一过程充满了个体意识和集体意识的有效互动。这种互动也存在于教师和幼儿的家庭与社区生活中,"老人"在无意识地运用语言的过程中将传统价值观传递给后代;舞狮、大鼓会、银音会中的民间艺人也是乡土文化的重要传承者。

佛子庄幼儿园把民间艺人、有威望的老人等邀请到幼儿园来共同开发乡土课程的过程中,乡土文化与乡土课程文化是一种直接的互动关系,教师与民间艺人之间沟通的过程也是乡土价值观传播的过程;教师是自觉的学习者,民间艺人是自发的传授者。幼儿作为最敏感的学习者,用整个心智接受乡土文化的滋养。

(三)幼儿园乡土课程文化的发展

对于农村幼儿园而言,乡土课程既不是幼儿园课程中的特色课程,也不是幼儿园课程的点缀,而是幼儿园提升幼儿教育质量的必然选择;乡土课程文化是农村幼儿园文化个性的集中体现。当今社会,农业文明、工业文明以及信息文明相互交织,农村社会作为"新乡土社会",面临着现代化发展过程中的诸多问题,特别是大量留守儿童由老人抚养的问题。幼儿园乡土课程文化的建设有助于"老人"的文化认同和幼儿的文化自信,进而改善整个家庭的精神文化氛围。幼儿园乡土课程文化的形成是一个渐进的过程,也是一个可持续发展的过程,幼儿园的乡土文化建构过程有助于进一步探索现代社会幼儿园乡土课程文化发展因素及其互动关系。

1. 社会因素

乡土课程文化的首要制约因素源自于社会。在经济全球化发展的过程中,农村耕地面积因兴建工厂而使自然环境遭到了一定程度的破坏,人口的流动使"熟人社会"变为"半熟人社会",与此相关联的是乡村社会出现了新型社会组织。

社会组织按照组织成员关系的性质可以分为正式组织和非正式组织。正式组织包括各级政府、医院、企业、各类博物馆及各级各类学校等；非正式组织包括民间艺术团体、文化传播组织等。"新乡土社会"中，社会组织的发展为幼儿园乡土课程建设多元主体的形成创造了条件：幼儿园可以取得民间非遗传承组织的支持，同时由各级政府牵线而与大学、博物馆等组织建立合作关系，在互助中共同发展并拓展乡土课程资源、丰富乡土课程文化。幼儿园乡土课程文化的建设首先源于农村社会的资源供给。

2.幼儿园因素

乡土课程文化是农村幼儿园文化的核心，其形成与农村幼儿园的课程文化传统、园长及其管理团队所设计的理念系统及幼儿教师的文化自信等密切相关。

（1）农村幼儿园课程传统——以佛子庄幼儿园为例

幼儿园建于2005年，园址是旧小学校址。教师转岗，经脱产培训一年而上岗任职。2007年，幼儿园开始以《快乐与发展》为教师教学参考书，以此作为教师指导幼儿一日生活的重要依据，这为教师自主开发乡土课程奠定了坚实基础。2012年《3—6岁儿童学习与发展指南》颁布以来，幼儿园管理者逐步形成建设乡土课程的意识，首任园长重在组织教师利用农村自然材料制作玩具和区域材料，第二任园长重视乡土课程的系统性建构，第三任园长则通过专业引领细化乡土主题活动等。幼儿园13年的课程传统承载着教师的专业发展史，为教师自主设计班级乡土活动确定了方向和依据。

我国不同地区的农村幼儿园有不同的课程传统，但从20世纪初至今的3次课程改革来看，农村幼儿园从其建立开始经历了从学科课程到活动课程的转变，课程的变革与教师的专业素养密切相关。然而，农村幼儿园受制于专业师资力量的有限，转岗教师、民办教师等是幼儿园教师的重要组成部分，因而课程的建设能力参差不齐。尽管2001年《幼儿园教育指导纲要（试行）》的颁布为幼儿园提供了五大领域活动的目标、内容和指导要点，但师资力量及地方幼儿教育指导力不同程度地制约了农村幼儿园课程的建设。

第四章
协同研究的成果——乡土课程及课程文化的阐释

（2）历任园长及其管理团队

农村幼儿园园长多成长于乡土文化背景，在时代发展和教育改革中共同经历着文化变迁和转型，从这个角度讲，农村园长群体在一定程度上彰显相同的职业文化个性。然而，园所乡土课程文化的建设需要园长对本土文化和自我个性的理解，而对本土文化的理解需要通过对他者文化的认识或跨文化生活；农村园长的调动、异地培训及管理团队的异质性有利于园长深刻理解乡土文化及其价值，促进教师建立个人和乡土的和谐关系。以此为基础，农村园长通过自主建构学习和发展共同体来推进乡土课程的建设，有利于幼儿园课程建设的持续性和全面性，还原儿童生活的社会文化性。

农村人员的流动性促进了新乡土文化的生成。园长及其团队需要理性审视文化的差异和多样性，协调新旧乡土文化的矛盾冲突，实现幼儿园课程的文化适宜性，促进幼儿跨文化适应和沟通能力的发展。

（3）农村幼儿教师的文化自信

梅尔维尔·赫斯科维茨（M. J. Herskovits）在《文化人类学》一书中以"文化相对论与文化价值"为题，对文化相对论作了系统的阐述：每一种文化都有其独创性和充分价值，应用它所属的价值体系来评价；并且指出不同文化中动态发展的知识"复合体"。[①] 根据文化相对论，乡土文化与城市文化没有高下之分，乡土文化对幼儿成长有独特价值。乡土文化中蕴含着祖先的生命智慧，乡土语言中的谚语、歌谣等形式优美，内涵丰富，易于为幼儿接受。为此，农村幼儿教师需要利用现代教育理论来反思乡土知识对自身生命成长的价值，进而认同乡土文化在现代社会中不可或缺的价值，"认识并热爱足下的土地"，从文化自信走向文化自觉。

3. 家庭因素

家庭不仅是农村生产的基本组织单位，也是个体一生赖以生存和发展的

---

① 黄淑娉，龚佩华.文化人类学理论方法研究[M].广州：广东高等教育出版社，1998:164.

地方。作为"新乡土社会"中由血缘和情感而形成的初级群体,家庭、家族是乡土文化彰显的重要场所。家风、家谱、家教是乡土文化中的重要组成部分;土地的四季经营、人生礼仪及各种节庆仪式、亲朋好友的聚会等都在家庭中举行,个体在亲身经历与体验中成为乡土文化的传承人;各种民间文学素材借助家庭成员间的口头传播而代代相传,家族中的长者成为乡土文化的重要传承者,也是幼儿园乡土课程开发的合作者。幼儿园与家庭的合作是幼儿成长的根本;乡土文化背景下,幼儿园对家庭所传承的乡土文化的尊重和运用是农村园所发展的根本,幼儿园园长和教师需要积极开发农村家庭文化资源。

4. 幼儿园乡土课程文化建构共同体的形成

文化的发展和个体的成长都具有整体性。乡土文化背景下,社会各组织、幼儿园、家庭之间是一个有机的统一体,共同服务于幼儿的成长,这是传统社会朴素的共生理念——人与自然、人与人、人与自我共生观的体现。①乡土课程文化的建构需要遵循乡土文化的这一整体性,从乡土资源的开发、乡土课程的实施、乡土课程理念的生成等方面追求多主体的有效合作和长期联动,这是乡土课程文化的根本需求。

社会组织、家庭和幼儿园之间"共同体"的形成取决于园长和教师的文化自信与文化自觉。文化自信体现在幼儿教师对乡土文化价值的认同,文化自觉体现在教师对乡土文化的深入理解及主动而富有创造性地传播乡土文化,使之在多元文化社会中占据应有的位置。园长和教师是乡土课程文化建设中多元主体的核心,是乡土课程文化建设共同体的核心,因此,共同体呈现为"一核多元"的文化格局。

2017年10月18日,《决胜全面建成小康社会 夺取新时代中国特色社会主义伟大胜利》的十九大报告中明确提出"努力让每个孩子都能享有公平而

---

① 杨瑞芬.哈萨克族谚语的共生观及其教育理路[J].民族教育研究,2018(5):114–120.

有质量的教育"。对农村幼儿而言，幼儿园需要通过对乡土文化资源的有效利用和挖掘，并以此为基础来持久地开发乡土课程；通过课程理念的引领和课程建设共同体的持续推进而使乡土课程系统化并形成乡土课程文化，这是农村幼儿享有优质学前教育的重要保障。在我国第三期学前教育行动计划实施的过程中，广大农村幼儿园不仅应注重乡土文化的丰富资源，从大自然和广阔的民俗生活中开发园所课程，更应深入理解教师和幼儿在日常生活中积淀的各类乡土知识及其个性品质，这里蕴含着农村幼儿园乡土课程的文化品质，借此来提高农村园的办园质量，服务于幼儿的终身发展。

三、幼儿园文化及其形成

"幼儿园"最早源于1840年福禄贝尔所命名的"Kindergarten"，意在指明幼儿园是幼儿成长的"花园"，与大自然合为一体而遵循着自然之道。20世纪初期，我国近代意义上的幼儿园曾出现过"富贵病""花钱病"，其原因在于幼儿园作为幼儿生活的场所脱离了幼儿生活的文化环境。针对幼儿园的这一处境，陈鹤琴先生提出幼儿园的教育内容源于大自然、大社会；"把儿童所应该的，整个地、系统地教儿童去学"[①]。幼儿的生活是一个整体，幼儿所处的文化环境亦是一个整体，用"整体性的"教育内容去促进个体整体地成长，是幼儿教育的原点。现代以来，特别是进入21世纪，随着幼儿园课程的改革，幼儿园文化建设逐步提上议事日程。幼儿园文化的建设意义在于为幼儿的成长营造整体性的环境，为幼儿提供完满的园所生活。然而，实践中对幼儿园文化的理解常背离了这一本意；同时，当前对幼儿园文化的深入研究极为有限。为此，在文化视野下讨论园所文化的个性不仅是时代的需求，更是园所建设实践所赋予理论工作者的重要使命。

---

① 陈鹤琴，王洁，郑慧琦，胡兴宏.新课改下研究性教师的角色定位［J］.上海教育科研，2008,(4).

幼儿园乡土课程文化建设协同研究

（一）幼儿园文化及其个性

对幼儿园文化的理解一方面离不开对文化的理解，另一方面也与幼儿园即学前教育在教育体制中的位置、现代学校教育发展的总体状况有直接而紧密的关系。在我国，学前教育的发展不同于中小学义务教育，但又受制于义务教育。《国务院关于当前发展学前教育的若干意见》中强调，学前教育是终身学习的开端，是国民教育体系的重要组成部分，是重要的社会公益事业。发展学前教育，必须坚持公益性和普惠性；倡导多种形式扩大学前教育资源，多种渠道加强幼儿教师队伍建设。学前教育的公益性和普惠性、社会力量以多种形式举办幼儿园决定了当前幼儿园文化建设的多样性与多层次性。作为义务教育的中小学教育具有统一性和强制性，中考依然是改变学生命运的一大转折点；为此，家长和社会的集体意识依然是偏重于知识的学习，这一观念在一定程度上影响着幼儿园文化建设的状况。

1. 文化及幼儿园文化的内涵

文化一词在东西方有不同的出处。在我国，文化是依文而化之意，如"观乎天文以察时变，观乎人文以化成天下"；在西方，文化"culture"意为耕耘（种植）、饲养家畜、照料家庭和培养道德、心智；中世纪的研究之晚期，逐渐指向于道德完美与心智或艺术成就。① 近代以来，梁漱溟认为文化是一个民族的生活样式，蔡元培提出文化是人生发展的状况。早期人类学研究者泰勒认为文化是一个复合的整体，包括知识、信仰、艺术、道德、法律、风俗以及作为社会成员的人所获得的其他任何能力和习惯。② 中西对文化不同的理解体现了不同的思维方式。我国哲学家从整体上理解文化，而西方人类学家则侧重其具体内容。其二者共同指向于人，认为人是文化的承载者。

---

① 庄孔韶.人类学通论[M].北京：中国人民大学出版社,2003:18.
② 庄孔韶.人类学通论[M].北京：中国人民大学出版社,2003:25.

第四章
协同研究的成果——乡土课程及课程文化的阐释

幼儿园是教师和幼儿共同生活的场所，幼儿园文化反映的是师幼的生活样式或发展状况。为了更准确地理解幼儿园文化，对目前已有界定进行了梳理。苏凡英和王丽（1998）认为幼儿园精神文化"包括幼儿园的历史传统和被大多数人认同的文化观念、价值观念、生活信念等，它处在意识的最深层，也就是我们平时所说的'精神支柱'。"[①] 孙慧认为幼儿园精神文化包括幼儿园的优良传统、园风、人际关系、舆论导向、价值观念、思维方式、行为习惯等，从管理心理学的角度称其为内部心理环境因素，是幼儿园可持续发展的巨大内驱力。[②] 姚艺（2004）认为幼儿园文化是在社会大背景取向下，全体教职员工在园长思想引领下，在长期教育实践中所形成的共同认可、共同追求的精神风貌及教育风格、文化传承方向所构成的导向文化，它是幼儿园特有的，且为幼儿园多数成员共同遵循的最高目标、价值标准、基本信念和行为规范。[③] 张娜（2008）认为幼儿园文化是整个社会文化体系中的有机组成部分。[④] 张素均（2009）认为幼儿园文化是以园长、教师、家长等为载体，对文化进行传承、积累、创新并达成共识的价值观念、办学思想、群体意识和行为规范等构成的价值体系。[⑤] 白慧莲（2014）认为幼儿园文化由表层面物质形态、中层面制度形态、深层面精神形态构成，主要体现在幼儿园活动的指导思想、目标追求、道德准则与行为规范等方面，它不仅是一种环境，更是一种氛围，是一种需要长期培育、苦心经营的强大教育力。[⑥] 这些界定指出幼儿园文化与社会文化的关系，并依照文化的三分法将园所文化

---

① 苏凡英,王丽.幼儿园文化建设探微[J].学前教育研究,1998(1):42-43.
② 孙慧.试论幼儿园文化与发展性管理[J].基础教育研究,2004(4):77-79.
③ 姚艺.对幼儿园文化建设的初步思考[J].学前教育研究,2004(9):52-53.
④ 张娜.浅谈幼儿园文化建设[J].湖南长沙专科学校学报,2008(4):52-53.
⑤ 张素均.试论幼儿园文化建设对教师专业成长的影响[J].中国科教创新导刊,2009(12):227-229.
⑥ 白慧莲.追寻诗性智慧 领悟文化精神——幼儿园文化创建之我见[J].开封教育学院学报,2014(11):237-238.

理解为物质文化、制度文化、精神文化,注重幼儿园的精神文化内涵及其价值,并进一步说明幼儿园文化的形成依赖于园长、教师和家长的价值共识。

已有研究在一定程度上揭示了幼儿园文化的内涵;然而,幼儿园作为教育机构,她对社会文化既具有选择性,更具有创造性;幼儿园文化的形成需要各成员从教育事实中提炼价值观,并彼此高度认同与内在生成。园所观念的形成经过了教师、家长的参与,是其智慧的结晶和共识,是具有内生性的文化建构过程。①

因此,对幼儿园文化的理解需要注重其动态性、全员参与性(包括幼儿及其家长)、认同的深层心理结构及其内生性。幼儿园文化不应当是园长和教师个人价值观念的反映,也不是对社会文化的简单复制与移植,这样的认识违背了幼儿教育的初衷,更违背了文化发展的基本规律。

2.幼儿园文化个性的内涵

幼儿园文化是幼儿园全体人员在对家庭、社区、社会乃至世界范围内文化成果进行有意或无意的选择、传播、整理乃至创新过程中所生成的。这里的"无意"是指文化往往借助于个体或群体日用而不知的语言、象征符号乃至风俗习惯等彰显其价值;"有意"是指幼儿教育者的目的性与计划性。这两个过程始终伴随着幼儿园文化的生成。每一个民族都有着自身丰富的文化资源,包括其历史地理环境、经济基础及生产活动方式、宗教信仰、传统民俗文化、婚姻丧葬及民间游艺习俗、语言文字、科学技术与医疗卫生、教育及其哲学思想等②,因此幼儿园的文化个性必然首要地体现在民族性方面。幼儿园正是基于其所属民族的文化资源来开发园所课程,塑造园所的生活方式。然而,同一民族中不同区域、不同性别、不同发展阶段的幼儿教师群体、家长群体对共同拥有的文化资源有不同的认知和利用方式等,这种不同经由长

---

① 杨志成.学校文化建设的解构与建构[J].中国教育学刊,2014(5):41-44.
② 郝苏民.甘青特有民族文化形态研究[M].北京:民族出版社,1999:2.

第四章
协同研究的成果——乡土课程及课程文化的阐释

期积累而沉淀为同一民族的幼儿园之间的不同,这是另一层次的幼儿园的文化个性。该研究重点关注这一意义上的文化个性。

(1) 园所文化个性解读过程与方法

对园所文化个性的理解需要理论依据,但更需要在浸入园所的生活体验研究和人类学工作者的田野研究之后来体察和感悟,进而丰富对其内涵的理解,并验证研究假设。生活体验研究重在对园所成员内在精神世界的捕捉,田野研究则强调对园所师幼及其生活的理解置于一定的社会背景中。两种研究方法的采用可以相得益彰。

具体情境中的体验是人基本的存在形式。生活体验研究是现象学研究,其目的在于获得对日常生活体验的本性或意义更深刻的理解,[①]强调对生活经验的意义的描述。这种生活经验被置于社会文化和历史传统中进行考量,从而理解身处特定时代中作为女人、男人、孩子的生活价值所在,进而更好地去履行职责和享受生活。这里的描述是生活世界某些方面的恰当的阐述,它和我们的生活体验产生共鸣。[②]这种描述可以使生活中容易忽略的东西变得可以解读与反思,因而是研究文化现象的一种适宜的方法。幼儿园教师的观察记录、个人日记、生活传记等及幼儿的图画等都是生活体验研究的素材。通过对素材进行组织与整理来聚焦主题、明了主题的教育性、寻找各主题的焦点或线索、确定根本主题,进而确定研究的核心概念。另外,现象学研究强调研究者的写作,通过写作明了反思和行为本身之间的联系,写作是观察力的锻炼,是对思考的检测。[③]

[①] 马克斯·范梅南.生活体验研究——人文科学视野中的教育学[M].北京:教育科学出版社,2003:11.

[②] 马克斯·范梅南.生活体验研究——人文科学视野中的教育学[M].北京:教育科学出版社,2003:33.

[③] 马克斯·范梅南.生活体验研究——人文科学视野中的教育学[M].北京:教育科学出版社,2003:167-170.

田野研究是人类学首要的方法，强调研究者深入到研究对象的日常生活中，通过长时间的共处、参与其所有活动来使书斋理论与研究现场呈现知识性贯通。① 田野研究首先要在当天生活结束后尽快撰写田野日志，这是因为记忆会因时间流逝而模糊或错乱。其次，要对田野日志进行深度阅读，并通过提炼主题词来编码。在这个过程中也可以撰写备忘录。再次，以编码和备忘录为主线，对与某一主题和论点有关的所有日志进行分类。② 最后，对分类后的日志进行有序组织，并进行分析、解释，完成活动志或园所志的撰写。园所志如同人类学的民族志。以此为依据，可以尝试园所文化发展理论的建构。

    研究中首先采用目的性抽样法，确定了三教寺园为田野点，不仅仅由于该园有深厚的历史传统，更因为该园从 2009 年开始便确立了文化理念并不断引领、推动园所的发展。其次，在田野研究中先后确立不同年龄段的三位教师为合作者，运用生活历史法进行了深度访谈，并对其关键事件进行了深描；与此同时，对园所管理干部进行了重点访谈，并在深入班级参与幼儿的活动中深度观察。再次，对园所的经典文化作品进行文本分析。最后，扩大田野点，对该园所处区域的相邻园所、学校乃至文化博物馆等进行调研，以拓展研究视野。

    2017 年 2 月 24 日—7 月 30 日，研究者住在三教寺园，③ 与这里的教师朝夕相处并积极参与其各项社会活动，每天坚持撰写田野日志并在周末及时撰写周志，其中部分田野日志采用了生活体验研究的写作方式，注重对个体深层心理世界的刻画与表达。2017 年 9 月—2018 年 6 月，在返回"书斋"后进行资料的深度阅读与分类梳理，同时也间或参与到不同园所

---

① 庄孔韶.人类学通论［M］.北京：中国人民大学出版社,2003:6.
② 滕星.教育人类学通论［M］.北京：商务印书馆,2017:142.
③ A 园事实上是三教寺幼儿园，为了尊重研究伦理，研究中确定为 A 幼儿园。

第四章
协同研究的成果——乡土课程及课程文化的阐释

的文化建设中，从而有机会深刻体察不同园所的文化个性并尝试进行理论建构。

（2）园所文化个性的内涵

园所文化的个性体现在园内师幼的日常生活中。将32篇田野日志所确定的244个意义段落及其主题词归为六大方面：师幼关系、幼儿之间的关系、家庭成员关系、教师之间的关系、个体与自我的关系、园所整体与园外各类资源的关系。其中，园所整体与园外各类资源的关系所涉及的内容最为丰富，具体包括与主管机构、各类高校、相邻文化机构及在行业中占据首位的个体（民间艺人、农场承包者等）。其次是个体与自我关系方面，与此相关的主题词为需要、兴趣、优势、潜力、自在、自发、思维品质、自我发现与教育、身份认同等。再次是家庭关系方面，具体包括母子关系、父子关系、夫妻关系、三代人之间的关系。最后是师幼关系、教师之间的关系、幼儿之间的关系。

由此可见，三教寺幼儿园的文化个性主要表现为关系性，特别突出在人与自我的关系和作为整体的园所与园外的关系。这意味着园所借助园外各种力量促进教师的自主发展；反之，教师的成长不断地为园所的向外拓展提供最坚实的保障。这样一种互动关系实际上是园所内外文化的互动或是教师的跨文化生活。文化互动促进了园所文化的形成和发展，而这以幼儿教育工作者对自我职业使命、个性、优势领域等的认识为前提。

三教寺幼儿园的文化个性为揭示幼儿园文化个性的内涵提供了重要依据。幼儿园文化个性是幼儿园工作者以对职业身份及自我个性的理解为前提对园外各类资源探索、引进、转化、继而对外传播与辐射这一过程中不断生成的。园所及教师对自我理解的水平和对外建立的各种关系是影响园所文化品质的核心因素。园所文化个性的特征与这两个核心因素有密切关系。由于自我理解和对外关系的建立具有无限性，园所文化个性具有永恒的发展空间；

自我理解水平和对外关系和谐与否决定了园所文化个性的层次性，这意味着园所文化品质不仅仅具有差异性，也有高低之分。园所内教师个体的理解水平不仅取决于教师自身的主观能动性，更与园所整体的推动和对外发展平台的建立相关，因此文化个性既尊重教师个性的差异性，更注重不同教师因彼此合作而产生的整体力量，这种力量推动园所文化个性品质的不断提升。简要而言，发展性、层次性、内在丰富性和整体性是园所文化个性的特征，也是其重要的评价指标。

（二）幼儿园文化个性的具体表现

对幼儿园文化个性的具体表现有不同的分类方法，已有研究多数分为物质文化、制度文化、精神文化和行为文化；而幼儿园实践工作者从工作的角度分为管理文化、育人文化、课程文化、健康文化、家园合作文化、区域和谐文化。文化发展理论认为，个体态度、行为以及组织的制度和程序共同影响着文化规范和标准，反之，亦成立。① 幼儿园文化个性是师幼共同体以课程建设为核心而和园所内外制度互动而生成的。为此，这里将幼儿园文化个性的具体表现划分为幼儿文化（班级文化）、教师文化（教科研文化）、课程文化。

1. 幼儿文化

幼儿文化是幼儿园文化个性的首要表现。幼儿文化即幼儿的生活方式，幼儿自主、自发而又愉快地度过园所生活。这样的生活以幼儿的兴趣、需要为出发点，以班级为基本的活动单位，以良好的师幼关系、幼幼关系、家园关系的形成为根本追求。因此，班级是幼儿文化的载体。园内中一班是实验班。研究者对幼儿的欢乐有深入的体察。

---

① 肯特·科普曼,李·哥德哈特.理解人类的差异[M].滕星,朱姝等译.北京:中央民族大学出版社,2011:3.

第四章
协同研究的成果——乡土课程及课程文化的阐释

今天,领略了幼儿园开放区各项体育游戏中孩子们的风采。活动前热身任务完成口令一出,孩子们便飞向不同的方向:或是小足球赛场,或是充满神秘气息的小城堡,或是借助绳索力量躺卧逆向前进的区域……协作区、跑跳区、钻爬区、梯子区、投掷区……针对孩子身体各部位的锻炼设计出了充满情趣的游戏。孩子们在城堡中一番番掀起尘土来进行消防演习,也从"窗户"探出脑袋来互相观察与交流,新来的实习教师配合着孩子们的节奏,把游戏推向高潮。足球场上,孩子们俨然成熟的球员,瞄准球门,借势一踢,又得一分。孩子们兴奋地掀起一张记分牌。平衡区、攀爬区,老师总是在最关键的环节为孩子们助力。在这个幸福的季节,孩子们尽情地在游戏中健身,与大自然的一草一木自在共舞,与水中的鱼儿、小窝的白兔窃窃私语。尽管满头大汗,但乐不可支,交谈更丰富。

——摘自 2017 年 4 月 14 日田野日记

户外运动是幼儿的天性。三教寺园把室外活动场地进行了整体划分,前院为小车区,中院有协作区、跑跳区、钻爬区、平衡区,后院有梯子、足球区、攀绳区、投掷区、推滚区。各活动区会根据班级需求而做出调整;活动材料则根据幼儿需求而重新投放。足球赛是 A 园足球队建立以来的定期的园内比赛,也是为园外比赛做准备。消防演习游戏则是幼儿对消防博物馆活动的自发拓展与延伸。平衡区、攀爬区等源于安吉游戏。由此看来,幼儿文化因园所材料、外来资源的不断引进和开发而处于不断生成中。反过来,幼儿文化个性的不断彰显为幼儿自主的快乐生活提供了根本保障。

2. 教师文化

幼儿文化个性品质的提升离不开教师文化个性。教师文化即教师的生活方式,是幼儿园经由园内外教科研活动、党员活动、集体休闲生活、班级自主活动等而构成的教师的完整生活,教师个体家庭生活的幸福及因个人际遇所遭遇的突发事件的处理是其重要组成部分。"人的生活即是一个总体,一个有机的、不可分割的整体,其中的每一种形式、每一个环节、每一个方面都无法脱开其他形式、环节或方面而独自发展。单独抽出任何一种形式都会使生活世界落入抽象,都会使其走向片面。"① 在生活中,教师是一个有不足之处的完整的人,而不是一个完美的被分割的人。只有在完整的生活中,教师才有真情的流露,才有生命的自由成长。② 园里尊重教师生活的这一整体性,在职业生活中,为教师建立起与区级主管部门及不同高校之间的互动平台;在家庭生活中,则重视教师子女的教育环境及个人生活品质;在休闲生活中,主动满足教师的各种兴趣需求。正是这样,才促成了教师创造性地工作,而"教师的劳动才能闪现出教学的光辉和人性的魅力","师生的生命活力在教学中得到有效发挥"③。

今天是入园收获最为饱满的一天。一天里不仅有文化特色鲜明的两个班级在西城区半日评优活动中做了精彩的展示,更有三教寺园三年一次的井然有序的复检工作。区科室全方位地对园所各项工作给予了指导,这种指导的最大价值和意义在于园所将结合已有思路从点上继续深入或突破:诸如美术欣赏系列课程的推广;"和合"文化在课程中的深化——课程理念和架构的梳理及资源的挖掘,课程内容包括幼儿学习课程、教师培训课程、家长影响课程;教师自身在建设园本课程中的价值;在新的发展阶段,构建园所培养幼儿、教师及干部的目标,用目标去引领人,用价值去统整人;教育理念的规范化。

再次与教研员的近距离接触,回想起季萍老师带领年轻教师队伍深入

---

① 李文阁.回归现实生活世界[M].北京:中国社会科学出版社,2003:232.
② 杨瑞芬.后现代视野下教师生活的整合性研究[J].基础教育,2009(6):14.
③ 刘旭东.教育的学术品格与教育理论创新[M].北京:中国社会科学出版社,2017:131.

第四章
协同研究的成果——乡土课程及课程文化的阐释

教研团队所做的深入研究：这必须依靠一个团队去做，这样的工作为一线和大学教师之间建立起不可缺少的桥梁，教研员可以丰富我们理解园所课程与教学的视角，可以帮助我们找到深入点，可以深化我们对园所课程的理解。她们穷毕生精力探究教学的魅力，以此来拓展园所课程，并且为课程体系的建构提供最为基础的力量。因为课程在她们的眼中是丰富多彩的，承载着教师的智慧与灵性。诸如今天华冬梅老师集体教学活动《太阳与小鱼》中的三图比较与海底探秘活动；诸如华老师班级区域活动基于幼儿问题的层层推进；张研老师在《我与大师作画》中呈现了欣赏课可推广的模式——幼儿对大师画的比较、多角度多变化的想象、在磁条操作中的具体体验，以此来引领幼儿的创作。两位老师的风格也是个性的独特彰显，但二者有一点是相同的，那就是对各种关系驾轻就熟的基础上保持一种开放的心态，善于利用资源。

在一学期的活动中，三教寺园全体教师从不同角度与区级、市级教研单位进行了交流，迎接了美国小学、京内外多所学校的访学；同时，园里教师也被派往不同高校、不同幼儿园交流与学习。在园所整体引领的基础上，华老师和张老师也积极主动地抓住学习机会而拓展个人的生活视野，进而改善教学方法，凝练个人教学风格，并获得区级教研专家的有效指导和提升，代表园所参与了区级竞赛，为园所赢得荣誉。团队荣誉感和个人成就感的不断获得是教师文化个性形成的重要原因，而园所支持、教师自主权和对自我个性的理解是教师赢得个人成就的根本保障。对自我个性的理解是教师实践性知识的重要组成部分，有助于教师在实践中认同并不断丰富个人的隐性知识，进而推动非正式学习活动的开展。

3. 课程文化

课程文化是幼儿园文化个性的集中体现。课程文化是幼儿文化和教师文化的交集，是师幼在共同活动中不断形成的；从内容上体现了对区域文化的个性化开发和利用，从形式上则体现了园所基于教育理念而形成的课程架构。课程文化具有可持续发展性，这源于幼儿园教育与区域文化资源的相互促进，也源于幼儿、教师、家长和民间艺人等主体在课程生成过程中的创造性、互动性及文化自觉性的不断提升。

幼儿园的一日生活皆为课程。然而，幼儿园的核心课程应该是能满足幼儿兴趣、激发幼儿主动探索的丰富多彩的区域活动和主题活动。这些活动能根据小、中、大班幼儿年龄的发展和四季的更替不断调整、提升，活动之间既有连续性，又能不断突破，有所创新；教师支持课程的发展，而课程又成就了教师的成长。这样一套课程体系的形成必然有核心的理念，有丰富的材料，有可持续发展的动力，同时也使区域、族群的传统文化以灵动的形式呈现其中，进而发展为园所特有的课程文化，无形而有力地滋养着师幼的共同成长。中华民族的每一所幼儿园都因其地域环境和人文环境的不同而能形成多样的课程文化，但不论什么样的课程文化都应以幼儿的生动活泼的发展为前提，以教师的主动探索为前提。

——摘自 2017 年 3 月 13 日田野周记

课程文化个性的形成源于园所课程的建设与发展，正是在同一过程中，园所课程的理念不断得以提炼，教师团队的课程观不断完善、课程开发和建设制度不断更新、园所环境得以持续性的改进。三教寺幼儿园的课程文化来源于园所的健康课程传统，也来源于园级主题活动和班级主题活动的有效互动。幼儿园园级主题活动是幼儿园从园所、幼儿、教师发展等实际问题出发，充分利用幼儿园、家长、社区的各种资源，全园围绕某一主题开展一系列打破班级界限的互融、互通、互动性主题性活动。园级主题活动凸显了课

第四章
协同研究的成果——乡土课程及课程文化的阐释

程的前瞻性、探究性等。① 探究是提升三教寺幼儿园课程文化个性品质的有效途径。目前（2018年6月），A园根据园所需求而确定了七大领域活动——语言、数学、科学、健康、音乐、美术、社会，每位教师根据自己的兴趣选择其中一个领域，在此基础上在全园形成7个研究团队，推进课程的研究。园所整体层面则对教师的课程领导加以研究，这项研究的主体是三方：北京教育学院学前教育学院、北京师范大学学前课程专家、三教寺幼儿园的科研专职工作者，三方在文化资源的互动与协作中获得共同发展。

对幼儿园而言，课程本身是一种活动，是一种生活经验的传承和迁移，教师不断地通过通力合作设计活动并加以实施、反思等就有可能形成一种课程文化。课程文化的要素需要对"设计活动"进行分解，如设计活动的创意性、设计活动的严谨性、设计活动的分工与组织、设计活动的实施与总结、活动展示效果的编辑和宣传等。先有活动后有文化，文化的形成又反过来促进活动开展更上一层楼。由于幼儿园没有固定的课程内容，所以不同园所课程文化便显现在教师们活动设计方面；而活动设计的深意首先取决于对区域文化的挖掘力和理解力方面。所以，可以说帮助教师理解区域文化是促成课程文化形成的一个重要因素。

——摘自2017年6月9日田野周记

基于活动来理解园所课程文化更吻合实践工作者的需求，也更直接地显现了课程文化个性与教师文化个性之间的关系：教师对区域文化的理解力是课程文化个性形成的重要因素。三教寺幼儿园2017年春夏的园级主题活动为：我和图书做朋友、我爱运动、劳动小能手、我是小明星，秋冬季的

---

① 王岚.开展幼儿园园级主题活动的实践［M］.北京：北京少年儿童出版社，2016:34.

园级主题活动有：欢迎新朋友、大脚小脚走天下、收获的季节、欢欢喜喜过新年。每一个园级主题活动都根据收集、整理——观察、发现——探索、体验——表达、表现而制定出活动的主题线索与结构，并确定全园性活动方案、混龄组活动方案和班级支撑活动。如"大脚小脚走天下"园级主题活动以"我们去过的地方——我们想去的地方——我们的快乐旅程——旅程趣事齐分享"为线索。①张老师根据幼儿旅行路线图而设计了"弯弯绕绕"主题活动，凸显了活动的趣味性和创造性；华老师则以"自然博物馆"的大发现——恐龙化石材料而设计了"考古主题活动"。三教寺园主题活动的整合性和创造性是其课程文化个性的重要特征。这一课程文化个性的形成源于集合园内外力量而开展的多角度、多层次的研究活动。

幼儿文化、教师文化、课程文化之间是相互影响、相互制约的。幼儿文化个性的形成和发展源于教师自主、自研的团队文化及充分整合资源且充满创造力的课程文化；教师文化个性则得益于快乐、探索性的幼儿文化个性和园所课程领导的理念文化和制度文化等；课程文化个性是教师文化和幼儿文化在活动的良好互动与共同发展中自发形成的，且处于不断发展中。

（三）幼儿园文化个性的形成要素

教师自我理解、园所整体力量及彼此之间的互动关系是园所文化个性的根本。教师的自我理解包括教师对自我性格、能力、知识结构、发展优势的自我评价及教育观、生活观、课程观、幼儿观等的自我梳理与反思。园所整体力量包括三个方面，一是指园所作为社会的一个次级组织而与初级组织——家庭、教育机构（中小学和大学等）、各类文化宣传单位（如民俗博物馆、科技展览馆等）及上级政府职能部门之间的关系并从中获得的各种支持；二是指园所内部各种力量的整合，从时间维度有园所传统和园所现代文

---

① 王岚．开展幼儿园园级主题活动的实践［M］．北京：北京少年儿童出版社，2016:38.

第四章
协同研究的成果——乡土课程及课程文化的阐释

化的整合，从空间维度是园所各部门、各班级之间的整合；三是园长引领的管理团队所持有的文化观、资源观及教育观。其中，园所历史传统（教师传统、课程结构传统）、管理团队的领导素养和研究能力、教师（家长）的认同感是园所文化个性形成的核心要素。U–D–S共同体是园所文化个性品质提升的重要保障。

1. 园所文化传统

"文化具有历史性，它是跨越时间、空间和生命的东西，也是先于个体而存在，不随个体的消失而消失的东西。所以我们看文化，必须历史地看，只有在历史中，文化才显示出其真实的意义。"[①]园所文化传统是指幼儿园建立后在社会发展和文化变迁中经历地理位置、建筑结构、师资队伍、课程与教学制度乃至教育理念、管理战略、办园思路等诸多变革后沉淀下来的文化风貌。园所文化传统是园所文化个性形成和发展的起点。幼儿园的变革和发展决不能抛开历史，"没有一个社会结构是完全凭空建构的，它总是要基于前一个社会结构，继承其中的某些要素，在此基础上建立新的东西。"[②]三教寺园建于1955年，2005年迁入目前所在园址——里仁街（与有仁德之人为邻）。此期间园所历史没有详细的文字记载，然而，通过在田野中的参与观察与深入访谈，捕捉动态全貌，也能对有关的历史清楚掌握。[③]

2. 教师文化传统

园所文化传统首先经由"老教师"来传承。三教寺园的孙老师出生于1965年，是幼儿师范学校的毕业生。从教以来，一直在这里工作，先是带班教师；后因2000年开始在中央音乐学院进修并在音乐领域有突出成绩而成为音乐领域的专职教师，负责全园的音乐活动。李老师的生活

---

① 乔建.试说费孝通的历史功能论[J].中央民族大学学报(哲学社会科学版),2007(1):8.
② 乔建.试说费孝通的历史功能论[J].中央民族大学学报(哲学社会科学版),2007(1):8.
③ 乔建.试说费孝通的历史功能论[J].中央民族大学学报(哲学社会科学版),2007(1):7.

历史及其所体现的价值观反映了园所同龄教师所共同面对的社会环境和精神追求。

怀孕之后对带班孩子有了更深厚的情感……自己在感受音乐的过程中产生很多灵感,能抓住音乐的魂——主题或副歌要表达的,然后就会明白哪段音乐适合孩子干什么用。后来我还学会截取音乐。

——摘自 2017 年 5 月 3 日田野日记

(详见 51—52 页)

李老师有坚定的教育信念——"教育不是模棱两可的事,必须严谨,必须得努力和发愤"。为此,她不仅长期坚持业余时间学习,还不计经济和精力的付出,为孩子们添置各种音乐设备并在音乐教育中精益求精。在孙老师的生活中,职业生活和家庭生活是相统一的,对自己的孩子、爱人如何就会对园中幼儿和同事如何,因为她以自己的言行来感染身边的人,努力做好自己——诚实、守信、公正、敬业。这正是三教寺园教师的文化传统。一所园的"老教师"是园所的财富,她们的品质代表着一个时代的精神。20 世纪 80 年代,改革开放刚刚起步,我国处于计划经济向市场经济转变的初步阶段,教育系统中毕业的师范生由相应的教育主管部门根据整体计划而分配工作;对于经历了 20 世纪六七十年代社会变革的知识分子而言,良好的教育环境是最宝贵的,为此而认真教书、用心育人,"几十年如一日"。随着科学技术的发展和多元文化的发展,"老教师"紧跟时代步伐,不断加强自我学习,以对教育的真知灼见而严于律己,面对多元价值观的冲击而坚守教师"学高为师、身正为范"的品质,为园所的青年教师做出表率。

3. 课程传统

我国幼儿园的课程设置从 20 世纪 80 年代至今经历了四次变革。这些变革在不同程度上体现在各地区的幼儿园教学中。三教寺园教师对此有深刻的体会。

幼儿园的核心工作是通过层层教研、科研来推进的，而教科研的队伍需要架构起不同时期的阶段性经验。如20世纪80年代根据大纲进行分科教学，20世纪90年代从分科走向活动之间的整合，21世纪头十年侧重主题活动的多角度、多层次拓展和领域之间的整合，近些年注重从幼儿的视角确立生成点，层层拓展。各年代的变化对教师提出了越来越高的要求。幼儿教师不仅需要在丰富的生活经验积累中具备根据某一事物建构网络的发散思维能力，更要有能够在了解不同幼儿个性和兴趣点的基础上富有机智地创设游戏与活动情境的能力，这需要教师的创造性思维，其基础便是丰富生活的深度体验。从这个角度来讲，幼儿教师个人的生活品质确实是优质工作的基础。

——摘自2017年3月22日田野周记

园里不同年龄段的教师从个人经验中提炼出各时期幼儿园课程及对教师思维品质的要求。她们对时代课程理念的深刻理解源于各阶段的实践，更离不开对课程的深入研究。

"我们园在'十五'和'十一五'课题中持续关注幼儿体育活动的习惯和兴趣，研究中提前制定课程方案、明确教师指导语言、探究器械使用的多种方式等；在'十二五'课题中开始开展园级主题活动并探索幼儿活动中的关键经验。我们的研究方式主要是行动研究，其重要前提便是概念的统一。我们特别希望能够有固定的校外导师做定期指导，幼儿教师们也特别需要这样的科研指导——满足不同教师的需要，彰显教师的兴趣所在。"

——摘自2017年3月9日田野日记

正是在研究过程中，三教寺园教师的研究品质不断提升，并且不断摸索适应于园所的研究思路和研究范式。同时，在研究中形成了园所的"全体育课程"。① 目前，我国的幼儿园充斥着五花八门的统编课程，幼儿园在选择之时，也会遇到困惑，如何将"他人"的课程转化为"园本"的课程，如何扎根幼儿园的本土来构建适宜的园本课程，② 是幼儿园建设之本。因此，重视园所的课程文化传统，以此为基础来推进园本课程的不断发展和完善，将是园所文化个性品质的重要体现。

4.园长及其管理团队

组织发展理论先驱沃伦·本尼斯提出未来的机构将领导团队来管理：伟大的领导者和追随者总是致力于富有创造性的合作。我们如今面对的问题来得太快，也太复杂，以至于要解决它们，我们需要优秀的领导者甚至是领导团队率领下的人才群体。③ 幼儿园的管理团队是指园长、副园长、保教主任、后勤主任、科研主任及各年级组负责人所组建的领导共同体，她们同时接受市级、区级教委的指导与管理。园长是这个团队的领导者，借助于指引性的愿景（guiding vision）、激情（passion）、正直诚实（integrity）、信任（trust）、好奇心（curiosity）、勇气（daring）等品质来引领团队的发展。愿景的提出源于园长对个体、教育、组织发展等的深刻理解。

王园长1986年毕业于北京市政府第一次委托北师大开办的学前教育大专班，毕业后分配到区教育局幼教科工作，任视导员15年。此期间认识并了解了各类型园长的工作；在任园长18年的过程中逐步形成了个人的园长观——"园长应该做凝心聚力的事"，"激发个体工作热情，追求不管而管"，以及优质园的标准——幼儿园应该充满活力与智慧；把孩子的需要放在首位；

---

① 王岚."全课程"体育活动的实践与探索——园本课程理论与实践探索丛书（第3辑）[M]. 北京：北京少年儿童出版社，2012:1.
② 袁爱玲.幼儿园课程[M].北京：北京师范大学出版社，2015:199.
③ 沃伦·本尼斯.领导者[M].杭州：浙江人民出版社，2016:56.

第四章
协同研究的成果——乡土课程及课程文化的阐释

突出团队文化；强调人际交往；教师具有创造性；通过一整套的标准清楚地展现办学目标；为孩子的学习和成长提供理想的环境。

事实上，除了同事眼中知人善任、热心助人、开放包容等品质外，王园长（园里称其为王老师）是一个真诚的人、一个大胸怀的人、一个善于以思想引领人成长而又以行为感化人的园长。初进园几次的谈话中，她的思想和言行深深感染了我。每次谈话后我都会记录并整理好王老师的精彩语录和管理小案例。

王老师对教育有一个基本的信条——教育就是帮助别人，自己帮助了别人，别人就会主动帮助人。所以她倡导园所干部接待兄弟单位的观摩活动要不怕麻烦，形成常态；对于管理，她认为自己只是善于借力而已，但事实上，她掌握了管理的精要，并以此促成教师和幼儿的个性化发展。她认为：管理者要威严和温暖并存（要关注教师基本的生活需求和精神需求，要善于为积极肯干、追求创意与持续改进的教师建立赏识氛围）；要给人做事的空间，但尺寸要把握好——给予老师和中层干部思考问题的空间，解决问题的空间，给管理者留出做判断的时间；要包容有个性的人，运用人的长处；要集全员力量解决、推动教师的发展。王老师不仅展示了女性的优势——注重细节，通过激发正能量创造乐于工作的心态和愉快的氛围，注重家庭给教师的强大动力，同时又是有大气魄的人，她与教师们一起追寻大社会中生活和工作的意义。面对规模的扩大和分园的建立，她提出无为而治的管理策略，尤其重视做好首与尾的工作，如重视班长自己选择合作教师，从开始搭建好平台以免除不必要的麻烦，从学期初的欢迎新朋友入园建立好与家长的关系，在每学期开始做好全员合宜的培训，学年末则对每位教师说一句鼓励的话；此外，每年放假前给班级每位教师和保安送礼物以示谢意。

幼儿园乡土课程文化建设协同研究

关于文化,王老师从 2009 年便关注其对园所无声无息的影响力——文化就是把关于人的思想落实体现在行为中,她以"和而不同、合作共赢"的思想引领文化的建立,通过对负能量强有力的控制而倡导积极向上的文化氛围——通过辞退一个常常寻找借口怠慢工作的有 19 年教龄的教师来坚守用人的底线;她通过传承园所的体育传统来丰富新时代身体、心理、社会性发展健康的新风尚;她坚守管理所忌讳的——忌跳跃,忌遗忘生活、听领导话要注意底线,因为生活与工作密切相关,生活是工作的前提,工作可以提升生活品质。

——摘自 2017 年 2 月 22 日田野日记

技术领导力、人际领导力、教育领导力、象征领导力和文化领导力是校长的五种领导力模式。文化领导力是建设卓越学校的核心和关键[①]。王园长注重对教育思想、管理思想的不断总结和提炼,认为"教育就是帮助人","管理要注重团队的工作主动性,无为而治是管理的最高境界",正确的思想正是园所凝心聚力的根本,以此为基础,园长和管理团队提出"和而不同、合作共赢"的价值追求。为此,王园长鼓励每位教师发展自己的强项,"给人做事的空间",并建立公正的管理制度,"要善于为积极肯干、追求创意与持续改进的教师建立赏识氛围,……也通过对负能量强有力的控制而倡导积极向上的文化氛围";制度只是管理的一个策略,而"以德服人、以情感人"才是管理之本,这依赖于个体的优秀品质。"除了同事眼中知人善任、热心助人、开放包容等品质外,王园长(园里称其为王老师)是一个真诚的人、一个大胸怀的人、一个善于以思想引领人成长而又以行为感化人的园长。"因为园长的包容,每个干部都勇于发表个人见解,以此来丰富园所思想,促进

---

① Thomas J Sergio.Leadership and Excellence in School[J].Educational Leadership,1984(41).

第四章
协同研究的成果——乡土课程及课程文化的阐释

园所文化在多元的基础上加以整合。由此可见,文化领导力具有柔性化、人性化、德性化和持久性的特征。① 园长敏锐的文化鉴别力和积极的思想渗透力是文化领导力的根本,而优秀的人格是基础。② 园长及其团队的文化整合力和人格亲和力是园所发展之本。

5. 教师及家长的文化认同

文化认同是指在一个成长共同体因长期共同生活所形成的对组织价值取向及其相关事物的肯定性体认,是共同体生命延续的精神基础。"自然需要解释,而人则必须理解"③。文化认同从根本上源于对群体和个体生活的深切理解。理解具有历史性。"理解甚至根本不能被认为是一种主体性的行动,而要被认为是一种置身于传统过程中的行动"④,一方面,历史作为传统而表明人的处境,当代植根于历史传统,历史与当代关联;另一方面,由于当代渗透到历史之中,历史被重新塑造或创新,当代与历史关联。因此,理解的真理性只能在历史与当代的互动之中。⑤

园所教师的文化认同不仅仅是对所在幼儿园的文化价值观念的理解,更重要的是对管理团队何以确定园所愿景、发展目标及办园思路等的深入思考。所以,教师的文化认同从根本上源于对社会历史传统和当代时代精神的深刻理解。幼儿园所处社区是社会发展的缩影,会遇到社会发展过程中的各种问题;同时,也蕴藏着丰富的民间文化资源。幼儿园需要着眼于时代发展对新一代提出的要求而因地制宜,利用好周边资源服务于园所的整体发展。园长及管理团队正是基于此而确立了园所发展战略。园所一线教师需要基于

---

① 张鸿宇,王小英.幼儿园园长文化领导力的意蕴、构架与提升[J].广西社会科学,2017(7):206-207.
② 张鸿宇,王小英.幼儿园园长文化领导力的意蕴、构架与提升[J].广西社会科学,2017(7):208-209.
③ 潘德荣.现代诠释学及其重建之我见[J].哲学研究,1993(3):61.
④ 伽达默尔.真理与方法(上下卷)[M].洪汉鼎译.上海:上海译文出版社,1999:372.
⑤ 田兆元.文化人类学教程[M].上海:华东师范大学出版社,2006:123.

社会、文化发展需求来确立个性化的发展规划，同时在园所发展战略中为自己寻找具体目标。然而，这是教师应然的发展状态。实践工作中，幼儿教师常常因园所信息渠道不够畅通、个人的局限性、时间和精力的有限性、内隐的认识方式和工作习惯等而对园所文化理解片面，甚至有抵触心理。为此，园所管理团队应尊重并理解教师的内隐知识，充分考虑教师的多样性产生的文化身份与文化诉求的多样性，赋予教师主体地位，唤醒和激发他们参与和创造园所文化的精神，由全体教师参与选择，形成协商后的共同方案①。三教寺园所确立的"和而不同"文化理念正是对教师个性和主体性的充分尊重，以此为基础来增强园所的整体力量。教师的发展自主性将推动教师在学习和研究中自下而上地促成园所文化的形成。

幼儿及其家长是幼儿园文化建设的重要合作者，园所管理团队及教师的教育理念和外显行为是家长认同的基础，家长的参与使园所文化成为有根的文化。园里在教学工作中注重家庭每个成员及其彼此关系赋予园所的推动力量。事实上，幼儿和教师的家庭为园所生活奠定了坚实的基础，"生活是工作的前提，工作可以提升生活品质"。

6. U–D–S 共同体

园所文化建设是幼儿园所有教师的使命，对文化的理解、对人的认识以及对各种现实问题的研究是完成这一使命的根本保障。为此，幼儿园的发展需要与大学合作，即借助于 U–S 协作共同体。大学以其深厚的思想来观照人的发展、社会的发展及文化的转型。幼儿天生是哲学家，② 幼儿阶段是人生发展的黄金时期，幼儿教师首先需要具备哲学素养。"哲学地教育儿童意味着启迪儿童的理性眼睛，让他们在丰富的世界与生活中发现、欣赏、体验、热爱、追随那些真正具有教育价值和教育力量的事物。哲学地教育儿

---

① 郑绍红,何昌昊.幼儿园教师园文化认同缺失的原因与对策[J].学前教育研究,2010(11):43.
② 刘晓东.儿童精神哲学[M].南京:南京师范大学出版社,2003:19.

第四章
协同研究的成果——乡土课程及课程文化的阐释

童不仅仅针对儿童的思维学习、情意学习，也针对儿童的欲求的节制。"[1] 其次，幼儿教师需要理解文化及文化认同的心理机制，并主动地迎接跨文化的生活，[2] 进而提升文化素养。这需要大学教师为幼儿教师进行教育人类学、传统文化等相关课程的讲授和探讨。再次，幼儿教师需要主动成长为研究型教师。研究是教学生活的本然要求，面对不断发展的幼儿和广阔的社会生活，如何充分挖掘各类生活资源来建设园所课程，促使幼儿身体、心理及社会性等和谐发展，是每个幼儿教师面对的难题。问题的解决需要幼儿教师开展行动研究。这个过程中，大学通过引领集体备课、公开教学、评课活动等系列活动来完成课堂教学；通过"引领备研""引领听课、观课""引领评课"等活动来完成课堂教学研究。[3] 所以，U-S协作开展的共同研究是研究型幼儿教师培养的重要方式。[4] 研究是建设园所文化的重要方式。最后，园所文化建设方法论水平的提升也需要大学来引领和评价。园所文化建设需要基于调研而进行顶层设计，建设过程中需要取得教师、家长和社区的认同并最终促进幼儿的成长；园所文化建设需要深入理解、传承并创造性地发展当地文化，这都离不开系统性的研究和实践，因而需要与大学建立长期合作关系来构建园所文化建设的理论框架以及与之相适应的方法论体系。

区级政府和教委是园所文化建设的重要支持者，也是沟通大学和幼儿园的中间力量。相同区域的幼儿园拥有共同的文化资源，区级教研室对当地文化资源的整体性的梳理和分类既有助于该区幼儿园多层面、多角度地利用资源，又有助于提炼区域园所的文化特色。同时，区教师工作坊为大学和

---

[1] 金生鈜.哲学地教儿童［J］.中国德育，2018(4)：45.
[2] 杨瑞芬.幼儿教师备课：师幼幸福生活的设计与践行［J］.教师发展研究，2018，2(2):83.
[3] 王鉴.U-S协作：基于课堂生活研究的教师专业发展［J］.教育科学研究，2011(10):67.
[4] 梁珊.小学研究型教师培养问题研究［D］.杭州：杭州师范大学，2016:20.

幼儿园搭建合作平台，使高教资源和幼教资源有效互动，相得益彰；而区政府对园所的适时、适宜的人事调动也将有助于园所文化建设师资力量的不断加强。

幼儿园自身是一个小型生态系统，U–D–S共同体则是园外的生态圈，园内外生态力量的互动是园所文化个性提升的根本。

第五章
协同研究的展望
——幼儿园文化的可持续发展

第五章
协同研究的展望——幼儿园文化的可持续发展

第一节　幼儿园课程文化品质的生成

一、2019—2022年协同研究中课题的确定

幼儿园课程文化的形成不仅是一个理论问题，更具有鲜明的实践指向性。当前，各幼儿园主要依据《3—6岁儿童学习与发展指南》和各自不同的办园思想、教育理念等来建设课程，而对课程建设过程中课程文化的自发生成过程缺少关注与研究；多数幼儿园对文化的重视集中体现在幼儿园理念系统的设计和物质环境的创设方面，并由此而自上而下地建构课程文化，但这仅仅是一种路径。课程文化的建设更需要从班级出发进行自下而上地探索和自主生成过程。为此，今后对幼儿园课程文化的研究需要从组建研究团队开始，专注于同一区域文化背景下幼儿园课程文化的形成过程。借鉴此次协同研究成果，未来三年研究确定为"北京农村幼儿园的乡土课程文化建设"研究。

（一）选题目的

1. 挖掘乡土文化在农村幼儿园课程建设中的教育价值

乡土文化孕育于靠土地谋生的生活方式，内含人与自然、人与历史、人与社会、人与自我的共生关系，是中华民族发展和强大的根基，也是幼儿园课程及其文化建设的源头活水。然而，在社会发展从农业时代、工业时代进入知识经济时代的背景下，乡土文化随现代化、全球化的发展处于转型和消退中。正确理解乡土文化，充分利用乡土文化资源开发农村幼儿园课程及建设课程文化是该研究解决的核心问题。

2. 提升农村幼儿园教育质量，促进北京市城乡教育均衡

近年来，北京市郊区因幼儿入园需求而在短时间内建立多所幼儿园。然

而，由于幼儿师资的有限和发展滞后，随之而产生的课程建设和教师队伍建设等问题的解决迫在眉睫。利用乡土文化资源构建课程既有助于本土课程建构，更有助于教师文化自信心和自觉性的提高，进而提升农村幼儿园教育质量，一定程度上促进北京市城乡幼儿教育的均衡发展。

3.组建幼儿园乡土课程文化长期研究的团队

目前，农村幼儿园在建设乡土课程中缺乏学理依据和系统框架，园所间难以形成合力来共建课程及课程文化，迫切需以共同理念来促成研究团队的形成，彼此尊重差异又相互认同，使乡土的优秀文化与幼儿园文化在互动中共发展，培养有根的新一代。

（二）研究意义

1.理论意义：丰富乡土课程文化发展的本土理论

当前我国幼儿园课程建设的理论依据有陈鹤琴提出的"五指活动"，国外蒙台梭利、福禄贝尔、瑞吉欧、高宽课程等的教学理论，忽略了基于区域文化构建本土的课程文化理论，特别是课程文化建设理论。该研究既是国内教育人类学研究视野的拓展，也在一定程度上推动我国学前教育课程理论的发展；田野研究法和生活历史法的运用，是学前教育领域研究方法的新尝试。

2.实践意义：推动北京市农村幼儿园乡土课程及课程文化的建设

该研究过程本身包含大学、区域研究者与幼儿教师的合作研究，直接服务于北京相关园所教育实践的发展；从研究结果而言，乡土资源的分类梳理、乡土课程体系的构建方式、乡土课程文化核心要素及其关系的梳理有助于北京农村幼儿教师系统理解自身成长的文化土壤，使之渗透到课程各环节，推动幼儿园逐步积淀具有地域和自身特点的课程文化品质。

幼儿园乡土课程的整合性有利于探索普适性知识和多元知识之间的融合之道，也能服务于中小学乡土教育与现代教育的有机结合，特别是少数民族地区在多元一体格局下校本课程文化内涵的丰富。

第五章
协同研究的展望——幼儿园文化的可持续发展

（三）研究目标、研究内容、研究假设和拟创新点

1. 研究目标

揭示乡土文化与幼儿园乡土课程、乡土课程与乡土课程文化之间的关系；确立从乡土资源开发到幼儿园乡土课程文化形成的路径；构建幼儿园乡土课程文化动态发展模型；提出北京市农村幼儿园建设乡土课程文化的建议与对策。

2. 研究内容

乡土文化在幼儿园课程建设中的价值分析；幼儿园乡土课程与乡土课程文化间的互动关系；在北京通州、大兴、房山区各选一所农村幼儿园开展田野研究，探索不同园所建设乡土课程的路径；幼儿教师乡土文化认同与乡土课程开发的心理过程分析；根据分析结果和三所园的对比研究进行乡土课程文化动态发展模型的初步建构；根据调研结果和乡土课程文化动态发展模型，对北京市农村幼儿园课程及文化建设中的问题进行对策研究。

3. 研究假设

乡土文化是农村幼儿园课程建设的根基；乡土课程文化的建设有助于北京市农村幼儿园教育品质的提升。

4. 创新之处

该研究的创新之一是人类学、民俗学、社会心理学等跨学科背景下对幼儿园乡土课程文化建设过程进行多维度、多层次的深入分析；创新之二是运用田野研究法和生活历史法全方位了解文化与课程的互动性以及幼儿教师日常生活中的文化习得，剖析作为乡土课程文化建设主体的幼儿教师的无意识与意识之间的互动力量。

（四）研究思路、研究方法、技术路线和实施步骤

1. 研究思路

该研究首要的在于进一步厘清乡土文化、幼儿园课程、幼儿园乡土课程

文化的内涵及彼此之间的互动关系。其次是在三个田野点中以"乡土资源开发——乡土课程的建构与实施——乡土课程文化中理念系统的提炼"为线索进行田野研究。再次是通过对三所园田野日志的整理、分析和对比研究建立乡土课程文化形成和发展的基本路径，并构建理论模型。最后是结合农村幼儿园现状调研和理论依据提出相应的建议和对策。

2. 研究方法

人是文化的载体。该研究关注具体时空中人际关系的形成，需要深入园所及区域做田野研究，对当地人的生活做深度阐释，因而主要采用文献法、文本分析法、实物分析法、田野研究中的参与性观察法、深度访谈法及生活历史法。文献法用于理论研究及民间文本的搜集、整理与分析；个案分析法重在对具体情境的描述和分析解读；文本分析法是结合民间故事等乡土文化资源与当地人的生活场景而揭示所蕴含的教育意义；实物分析法是对乡土实物的解读与分析；生活历史法运用于对乡土艺人、园长、教师等人的生活历史进行深度理解。

3. 实施步骤

（1）理论研究阶段

2019年6月—8月：通过文献梳理和已有理论工具分析乡土文化与课程文化、课程建设及课程文化、乡土文化与幼儿教师日常生活之间的互动关系。

（2）田野调查阶段

2019年9月—2021年5月：在北京郊区选择三所农村幼儿园为田野点，持续近1年时间的田野研究，撰写田野日志；通过生活历史法获得7—8位幼儿教师的口述资料。

（3）田野资料整理与分析阶段

2021年6月—9月：借助生活世界理论和文化、社会与个体互动等理论分析田野日志，确定核心主题，归类整理而形成三所园的园所志。

（4）总结阶段：理论建构及对策建议的提出

2021年10月—2022年6月：借助人类学、文化哲学、心理学、脑科学等学科深入探索乡土课程文化形成的要素、幼儿教师在乡土课程文化建设中的心理过程，构建幼儿园乡土课程文化动态发展的理论模型；提出相应的建议与对策。

二、2019—2022年协同研究中协同创新项目的确定

2019年5月，北京教育学院迎来了新一轮的协同创新项目。在这次申报中，《基于乡土资源开发的幼儿园课程及其文化建设》项目将继续以房山佛子庄中心园、三教寺幼儿园、大兴十二幼和建华实验幼儿园为合作伙伴来开展。这四所园近年来致力于通过不断挖掘本土文化资源（传统文化资源）来开展主题活动，完善幼儿园课程结构，进而建设园所文化。园所需求的满足从根本上需要致力于课程文化的建设——使各园的课程建设服务于课程文化——幼儿园文化的核心组成部分；同时，也使课程文化反过来促进课程品质的持续提升，简言之即"文化落地"，一定程度上解决幼儿园文化系统各要素不和谐的关系。这一问题的解决需要小处着手——以四季节气主题活动的设计、实施、反思、评价为主线，帮助教师逐步理解农业文明背景下各节气丰富的文化内涵——与治事、养生、民俗、修身等的关系。

协同研究正式开展之前，进一步了解了目前幼儿园四季（自然）课程的理论研究与实践的相关成果。学前教育领域的四季课程尚没有文章发表，仅有两篇论文分别探讨了南方的两所园以自然为轴线建构园本课程[1]和自然教育视角下的园本课程[2]。前者强调通过对鼓浪屿自然和人文资源的充分挖掘来拓展课程领域，实践中不断优化方案来自然呈现课程特色，后者强调保持

---

[1] 李嫔琦.以自然为轴线建构园本课程[J].学前教育研究.2005(3):44-45.
[2] 罗晓红.自然教育视角下的园本课程[J].学前教育研究.2018(5):70-72.

儿童教育的本真和捍卫儿童生命的自由，在尊重儿童本性和发展规律的基础上为儿童成长创造一个自然且自主的环境，为此提出室内外环境中充分融入自然要素，以自然教育主题活动和区域活动为主要组织形式，通过教研和培训提升教师开发与实施体现自然教育理念的园本课程的能力，这所园正是基于课程的价值定位而促成了园本课程文化的建设。北京中华女子学院附属实验幼儿园也基于农耕文明探索乡土的教育价值，胡华园长倡导幼儿教师不断学习《中国哲学简史》，这为带领教师探索带有中国文化印记的新课程体系奠定了坚实的思想基础；"这所园的课程出发点是儿童，学习展开的方式不仅符合儿童学习的特征，也符合我们的祖先在创建文化之时的原始途径和脉络"。① 胡华园长的课程文化引领有助于提升幼儿园教师文化素养，也为该项目的实施提供了重要的实践基础。（见表2）

表2　中华女子实验幼儿园生活化课程月主题一览②

上学期	下学期
三月：耕读月	憧憬的九月
四月：生长月	十月：我生活的地方（和家庭一起完成学习）
五月：一起去发现（和家庭一起完成学习）	十一月：艺术创造月
六月：丛林学习	十二月：美食月
七月：回顾与期盼	一月：冬藏月

目前，初步设定了协同研究总目标和幼儿园的协同研究分目标。（见表3）

2019—2022年协同研究的总体目标为：乡土文化与幼儿园课程、课程与课程文化之间互动关系的阐释；幼儿园课程建设中文化自觉性的养成；幼儿教师文化敏感性的培养；教师及幼儿园自我认识能力的提升；幼儿园课程

---

① 摘自胡华园长微信公众号。
② 摘自胡华园长微信公众号。

第五章
协同研究的展望——幼儿园文化的可持续发展

文化动态发展的理论模型。

表3　项目行动研究目标

幼儿园	各园重点突破	共同的阶段性目标
大兴十二幼	1.基于幼儿园资源开发的四季主题活动；2.四季主题活动的价值定位；3.教师在四季主题活动中实践性知识挖掘与整理	第一阶段：四季课程的价值定位；教师实践性知识（文化自信心的建立）的进一步梳理（参照表3）。
第二阶段：乡土文化资源的深度理解、挖掘与四季主题活动的价值分析、设计、实施、评价、改进……；教师活动中的实践性知识的显性化呈现（叙事、交流、生活历史法）。
第三阶段：明确乡土文化与课程、课程文化与园所文化的关系；教师文化自觉意识的培养（实践性知识的重要组成部分）。
第四阶段：提炼乡土文化的核心精神，幼儿园乡土课程文化品质评定三级指标的科学化。
第五阶段：系统梳理实践和理论研究成果，推广并辐射至周边园所。
建华幼儿园	1.基于园内外自然空间资源开发的四季主题活动；2.四季主题活动与幸福人生的关系；3.以选定的两位教师为研究对象的生活历史法研究——四季昆虫主题活动的实践性知识分析	
房山佛子庄园	1.继续完善基于"天梦之乡"佛子庄乡土资源开发的四季主题活动；2.四季陶艺活动的价值定位；3.继续挖掘果红梅、隗洪霞、田桂竹老师的实践性知识，并在园内外推广；4.园长的课程文化引领意识的提升；5.特定乡土资源的深度挖掘	
三教寺幼儿园	1.幼儿园课程结构的改善；2.节气文化内涵的揭示与主题活动的丰富；3.确认四季课程在课程结构中的核心地位及根本价值取向；4理解四季课程文化与园所"和合文化"之间的内在联系	

协同研究过程中将遵循两条线索。第一条是理论引领并实践——自上而下，通过园级层面的研究和引领来推动班级层面的活动设计和实施，借助教研力量改进，进而推广到其余班级。第二条是调动教师自我的力量——自下而上，通过实验班的自主探究活动来提炼教师和幼儿的关键经验及实践性知识，对关键经验进行研究，在此基础上尝试借用同类资源开发系列活动方案。

项目评价指标如表4。

表4　项目评价指标

四季课程价值定位	四季主题活动设计与实施	乡土资源利用效果	教师实践性知识形成	课程文化建设的自觉性
1.自然的双重内涵；2.四季与生命的迁徙与轮回（包括动物、植物、山水、幼儿与成人生活、传统与现代社会中动物与人类的关系解读）；3.节气与天文、民俗、治事、修身、养生的关系理解	1.游戏性；2.体验性与操作性；3.自然、人文知识的有机渗透；4.内容的可拓展性；5.活动价值点的连接性；6.活动之间的连续性	1.广泛性（统计）；2.独特性或创造性（个案分析）；3.深度（持续、有效地利用某一特定资源）；4.资源的文化解释（访谈）；5.特定资源的多角度、多层次使用（活动研究）；6.资源文化价值的传承与创造（资源承载的生活意义或方式）	1.重视个性化的表达（口头交流与书写——日记等）；2.专家引领下的经验分享与及时存档；3.自我反思的方法和效果的监控（表3）；4.自主时间和空间的创造；5.个性化的行动研究路径；6.差异性的发现及尊重（活动观察表）；7.教师的艺术感受性、制度的理解力、自我精神的建构（具体指标参见表3）	1.干部对园所理念与乡土精神的准确理解与阐释；2.干部的文化自信和敏感性；3.教师在活动设计时的文化价值思考与判断；4.教师在活动实施中的教学机智；5.教师在活动后的文化体验层次与反思水平；6.非正式研讨平台的建立（观察记录表）；7.师幼跨文化生活的频次统计与定性的质量考核

三、幼儿园课程文化品质生成的根本路径

（一）幼儿教师日常生活和幼儿教师学习内涵

1.日常生活

从一般意义上看，日常生活被认为是同个体生存直接相关，旨在维持个体生存和再生的各种活动；与此相对应的是非日常生活活动，即同社会整体或人类的存在相关，旨在维持社会再生产或人类的再生产的各种活动。从哲学意义上讲，日常生活源于胡塞尔提出的"生活世界"，而被列斐伏尔首先提出来。在胡塞尔看来，生活世界是日常的、知觉地给予的世界，是人生的

第五章
协同研究的展望——幼儿园文化的可持续发展

支持力量，是人生之"源"；与此相对应的是"科学世界"，即近代以来科技理性或工具理性所主导的世界。生活世界是科学世界的基础，人们应当关心隐蔽于各种理性知识及科学方法论中的人生的根本意义。生活本身具有不言自明的意义。面对科学世界对生活世界的挤压与主宰，列斐伏尔、赫勒、海德格尔等哲学家开始审视日常生活对人生的基础性价值及其异化，哈贝马斯则提出了交往理性来抵制工具理性对生活的侵蚀。

从历史视角分析日常生活有助于理解其内在结构和文化性格。人类产生之初，以原始自在的思维和自在的实践活动为基础，凭借各种天然的血缘关系，形成了原始初民的世界，即原始的日常生活。随着生产力的发展和社会的分工，特别是近代以来科学技术的发展，日常生活在取得进步的同时也被划分为不同的领域，"工作"被从生活中剥离，家庭在公共生活中逐渐隐退，社会的现代化伴随的是日常生活的支离破碎，"现代人"迷恋传统社会的"自然"和"质朴"。传统日常生活和现代日常生活有不同的内部结构，因此而具有不同的文化特质，对比中，日常生活的内涵得以彰显。日常生活是个体再生产和社会再生产的基础。从其外延来看，日常生活包含社会发展过程中逐步形成的吃、穿、住、用、行（基本生活）等生活形态，各民族体现为各不相同的生活方式，因而具有不同的文化性格。由外及里，涉及专业生活和非专业生活、公共生活和私人生活等，彼此之间相互交叉和影响。这些生活直接推动个体和社会的发展，其中，职业生活等同于胡塞尔提出的"科学世界"，在现代社会易于被学科知识及技术规训和制约而使主体失去本应有的创造性，与此相联系的是个体日常生活的异化。日常生活的内核是个体或人类在实践中逐步形成的创造性的生活品质。这种生活品质既有助于传统社会自在生活状态的获得，又有益于现代日常生活的不断更新和整合。生活品质的形成源于传统文化和现代文化的交融。由此看来，日常生活是联系主体和社会、文化的重要力量，它既承载着主体的创造性，又是社会进步和文化发展的推动力量；日常生活的和谐有助于促进个体乃至不同族群良好文化性格的形成。

新生儿从出生开始便不断地适应新的生活环境，在各种感官的发展中吸收着环境中的各种资源。蒙台梭利认为婴幼儿具有自己的精神生活，成人需要理解并尊重他们的心智模式；我国先秦时期哲学家老子提出"复归于婴儿""不失赤子之心"等，突出强调了婴幼儿自然天性对实现人自身价值的重要意义。对于幼儿教师而言，家庭和园所的日常生活中，幼儿将是其重要合作者，幼儿的日常生活深刻影响着教师的日常生活，反之，教师的日常生活是幼儿日常生活幸福与否的重要指标，这使得幼儿教师的日常生活对教师自身而言更具有突出价值。

2.幼儿教师日常生活

根据日常生活的结构及幼儿教师的一日生活记录，幼儿教师日常生活的结构体现在五个层面。一是幼儿教师的吃、穿、住、用、行，这既是她们生存的基础，也蕴藏幼儿教育的最重要的资源。对幼儿而言，独立饮食、穿衣、盥洗、睡眠等是幼儿园学习和教育的基本内容。传统社会中，这一部分生活在家庭中进行；现代社会，快节奏生活极大地简化了家庭生活内容。快餐、外卖、聚餐等成为现代人生活中的重要组成部分，而这些反映社会变化的内容也是幼儿学习活动中的重要组成部分。二是幼儿教师的家庭生活。内尔·诺丁斯提出幸福来自人类生活的三大领域——私人生活领域、公共生活领域和职业领域。① 其中，私人生活领域主要包括持家、为人父母、住所、惬意品质和人际关系。家庭生活的幸福既是幼儿教师日常生活幸福的核心部分，也是幼儿教师深刻理解家长和幼儿需求并为之创设科学而丰富的学习活动的桥梁。家庭中母子和父子关系的经历赋予教育以生活的流动性和创造性，教育契机体现在家庭生活的细节中，婴幼儿的成长需求迫使家庭成员转换教育的视角和方式。三是幼儿教师的公共生活。"被大众文化和大众娱乐

---

① 李晓阳.教师经验及其生成[D].武汉：华中科技大学博士论文,2009:1.

所控制和引导的现代人，逐渐以消费的视角去看待这个世界，而不再关注政治领域，进而忽视甚至破坏了公共生活。"① 然而，公共生活有助于幼儿教师站在社会整体性的公共福祉的立场上把握幼儿教育中需要解决的问题，这是个体或一个民族的教育被有效、有价值理解的最大背景。② 四是幼儿教师的职业生活。职业生活不应当是幼儿教师完整的日常生活中割裂出的独立的生活，而是与家庭生活、公共生活等有机联系的生活，既是家庭生活的延展，又丰富着公共生活的内容。五是幼儿教师的生活品质。生活是教育的源泉，生活品质是教育品质和学习品质的基础。生活品质的形成源于幼儿教师日常生活的整体性、丰富性。生活品质的形成可以帮助幼儿教师克服现代社会中日常生活的异化。幼儿教师的日常生活涵盖了自然世界和社会文化世界，体现在时间和空间维度的有机统一。

3. 幼儿教师学习

"大自然、大社会都是活教材"，幼儿教师的学习正是源于连接社会、文化和个体的日常生活。这里的学习基于人与自然、人与人、人与自我共生的社会文化背景，尊重个体无意识和有意识学习之间的互动关系，认为学习是一个从自在、自发逐步走向自觉的过程，意在提升幼儿教师的生活品质。学习既源于日常生活经验，又超越于经验，是对经验的体察和反思。幼儿教师学习的场所具体体现在日常生活的五个层面——吃穿住用行、家庭生活、公共生活（社区和社会生活）、职业生活（园所生活）、生活品质。为此，体现出以下基本特征。

首先是学习的整体性和缄默性。日常生活中的学习源于对家庭及社区等文化整体、无意识的习得，这是有意学习的基础。随着现代社会学习概念的窄化，幼儿教师需要积极而主动地反思学习的本有之意——我国古代在"鹰

---

① 毛礼锐.中国古代教育史[M].北京:人民教育出版社,1986:40.
② 金生鈜.无立场的教育学思维——关怀人间、人事、人心[J].华东师范大学学报(教育科学学报),2006(9):1-10.

乃学习"中指明学和习是两层含义。其次是学习的层次性。因基本生活、家庭生活、公共生活、职业生活、生活品质的不同而体现不同层次,与马斯洛的需要层次说相对应。再次是学习的情境性或灵活性。生活是由充满智慧的一次次行动构成,体现在空间的广延性、时间的流淌性及人与人关系的互动性中,这使学习因为情境的不同而体现出灵活性。幼儿教师的日常教育活动融于整个的生活中,丰富的生活情境都是学习的契机。最后是学习的生成性或创造性。日常生活体验因时空的不同而呈现出差异性,差异是个人认知和行为改变的必要条件,并因此而促成新思想和新行为的产生。幼儿教师面对的是思维与行为方式不同于成人的幼儿,这里的种种差异是幼儿教师产生新想法和新行为的先决条件。

(二)幼儿教师学习的发生

1. 学习发生的条件

社会、文化和日常生活互动理论表明,幼儿教师的日常生活推动着社会与文化的同步发展,以特定的社会形态与文化样式为背景,幼儿教师的个体意识和不同群体的集体意识通过有效互动而使得传统文化代代相传,同时又极具可能性地拓展了学习的领域。这里的学习是自在、自发的,是一种无意识状态下的学习,是幼儿教师生活各领域中主导性的学习,特别体现在幼儿教师的基本生活、家庭生活、公共生活中,促成了幼儿教师生活经验的形成。

"经验"不仅提供给幼儿教师日常实践中的合理性,亦为其在整体文化环境中的学习提供反思空间,进而为总体上理解历史文化结构对个体影响提供条件:"一方面是个人所经历的冲突领域及内在精神的活力,另一方面是社会形成的水平矛盾的结构中包含的学习对象和条件"。[1] "经验是重复的社会调节的过程,在任一时间所给定的知识、感觉、体验及直接生活经验中移动

---

[1] KirstenWeber. Life History and Experience [M].Roskilde:Roskilde University,1997:33.

(move)"；① 经验在社会历史与幼儿教师的感知过程间架起一座桥梁，成为她们理解生活、追求人生意义的客观条件。

生活是一个探险的过程，经验是一个动态的生成过程，从不同的维度可以划分为积极经验和消极经验、零散经验和整体性经验、个体经验和类经验、自发的经验和自觉的经验等。经验的不同类型在一定意义上显示了学习发生的不同形式。自发的经验即胡塞尔提出的原初经验，来自于幼儿教师的体验、观察、反思，"具有丰富情境性的'习惯'"；② 自觉的经验即胡塞尔提出的"第二经验"，与幼儿教师的抽象概括、行动应用直接相关。③ 幼儿园生活中，专家引领、同伴合作、团队反思、基于问题的行动研究等提升了教师对经验的理解和分析能力，增强了教师经验累积的能动性。

2. 学习发生的体现

经验既是学习发生的过程，也是学习发生的体现。经验中蕴含大量的缄默知识，构成了教师个体知识的重要组成部分。缄默知识打破了惯常认识世界的方式：惯常认识世界的方式是抽象的、语言的、分析的，注重学科系统性的；而缄默知识则是具体的、实践的，基于对问题的整体意识，注重行动导向。（如表 5 所示）④ 缄默知识吻合幼儿教师日常生活中基于实践的认识方式，因而促进了幼儿教师基于生活情境的教育观念的形成；这种观念是幼儿教师对日常生活中的问题基于个体体验和历史经验而做出的"具象化的思考"，"其言说方式是经验描述性的"，⑤ 极具乡土意味，"黏附于具体文化和社会"中；是以义利并重、酸甜苦辣均尝、情感与智慧皆备为条件的。

---

① Henning Salling Olesen and Palle Rasmussen.Thoeretical issues in Adult Education [M]. Roskilde:Roskilde University,1996:78.
② 胡塞尔著.经验与判断[M].邓晓芒，张廷国译.北京：生活·读书·新知三联书店,1999:6.
③ 严运锦，赵明仁.教师学习的内在机制解析[J].教育理论与实践,2017(4):38-42.
④ Henning Salling Olesen .Adult Education and Labour MarketIII [M].Roskilde:Roskilde University,1996:96.
⑤ 吴康宁.关于"思想"的若干问题：一种社会学分析[J].教育理论与实践,2005(12):3.

表5 缄默知识与惯常对知识理解之比较

惯常知识	缄默知识
抽象	具体
语言的、文字的	实践的
分析的	基于对问题的整体意识
学科系统性	行动导向或镶嵌于实践系统中

缄默知识不论是对"是什么"的陈述还是对"为什么"的解释，都包含着幼儿教师在具体情境中的完整体验及对特定文化和社会历史中实践之自觉或下意识的理解。这种理解不仅仅是一种认知，更包含着情感和意志、态度及价值观等。

（三）幼儿教师日常生活学习的发展

1. 发展的条件

日常生活中学习的发展与日常生活中意识的发展及其产生情境紧密相关。意识的发展是个体间相互交谈、交往而达成的，与丰富的口头文本相关，由此而促成个体意识和集体意识、无意识和意识之间的有效互动。民间文学在意识形成及传承中发挥重要的价值，谚语、故事等口头文本通过其原初意义及象征意义来传达日常生活中积淀的智慧。基于情境对民间口头文本的理解、运用以及传承的过程既是学习不断发展的条件，也是过程本身，这正是日常生活中学习的根本价值，个体通过历史传承而成其为人。①

日常生活中的对话是学习得以发展的重要条件。对话所指向的相互理解一方面来自基于日常生活情境所形成的个性品质；另一方面也与个体在早先日常生活中形成的做事态度和生活态度紧密相连。对话中，个性品质、做事态度、生活态度形成紧密关系。个性品质和道德品质不是与特定文化相脱离

---

① ［德］雅斯贝尔斯.什么是教育［M］.上海：生活·读书·新知三联书店,1991:56.

的，不受"to be"和"ought to be"①框架的限制；"个体的道德，作为生命的灵魂和核心在于心灵感应。感应只发生在真实生活和具体情境中，所以个体道德生命的发展是生活和道德的结合点"。基于文化背景的学习赋予学习主体强大的内在动力并使所有学习活动与个体生活有机融为一体，共同发展。"学、思、言、行"成为日常生活中学习发展的基本模式。

从自发经验到自觉经验体现着幼儿教师学习意识的增强和学习能力的提升，即从文化习得到具体分析和系统思考。意识的发展促进了教师经验的整合利用，进而使学习的主动性获得提升，作为学习者的主体性更加凸显。

2. 发展的体现

学习的发展既体现在学习者从自我认识到自我领导和自我管理能力的提升，也体现在对社会和文化的变化更加敏感，整体上理解社会、文化和个人生活的关系，在职业生活中自主开展研究。自我认识是指对自我需要、机制、自体表征——个人内心对自己的看法和感受、自体和客体的关系——自我和他人的关系的理解。②自我领导指理性确定自我发展方向与目标，逐步根据时代需要调整具体目标并逐步确立实现目标的原则；不断关注自我情感与理智、身体与心理及各种生活角色之间的平衡性。自我管理指选择实现目标的正确方法，制定各阶段任务完成计划并不断自我监督与有效调控；为此而有效开发个人资源，合理安排和利用个人精力和时间，加强个人情绪管理，使日常生活保持有条不紊。自我认识、自我领导、自我管理三者之间是相互影响、相互促进的关系，使个体在社会、文化与生活间保持和谐的关系。自主研究是个体缄默知识显性化的必要途径，有助于职业生活中实践性知识的形成和丰富。

幼儿教师学习的发展体现在四个生活领域的融合中——生活品质的提升，

---

① 赵汀阳.论可能生活［M］.北京：生活·读书·新知三联书店,1994:76.
② 季平,崔艳丽,涂元玲.理解自我［M］.北京：教育科学出版社,2014:257.

由此而形成新的生活观、职业观、教学观等；与此同时，幼儿教师通过自主研究而解决教育过程中遇到的问题，从知识的传播者转变为知识的创造者。

（四）幼儿教师日常生活学习的价值

幼儿教师基于日常生活的学习不仅是对幼儿学习需求以及幼儿教育与日常生活融为一体的回应，更是对幼儿教师整个的生活历史的尊重。在日常生活的学习中，幼儿教师获得了相对完满而幸福的生活，在此，学习回归了生活的本义，个体的学习潜力得以最大程度的展现。

1. 尊重幼儿的学习需求

根据皮亚杰的认知发展理论，幼儿处于感知运动阶段和前运算阶段，这决定了幼儿的学习是利用多种感官及身体的活动来认识身边世界并在这一过程中逐步学会运用语言、图画等符号理解自我、表达自我，感官活动是幼儿发展的基础。根据幼儿的这一学习特点及方式，幼儿教师首要的工作是物质环境的创设——幼儿活动空间的布置及适宜性活动材料的投放，以此来确保幼儿能自由地选取活动材料并通过多种感官的参与，特别是手的触摸与操作来进行自主探索活动；正是自由与自主促成了幼儿天性的发展及潜能的充分展示。物质环境的创设对幼儿教师的空间感知、色彩搭配、声音背景的设计、操作性活动材料的选取及据此的活动设计等能力提出特殊要求，这必然构成幼儿教师实践性知识的基本组成部分。

自由是幼儿学习的前提，而纪律是幼儿自由学习的延伸和重要保障。蒙台梭利认为纪律是儿童在有准备的环境中通过充分开展的自由活动逐渐形成，不可能通过命令、说教或任何一般的维持秩序的手段而获得。活动中的自由是幼儿建立秩序感和自律品质的基础，当幼儿在环境中全身心投入到积极的探索中时，会自发地形成自我控制能力，这种能力正是秩序感、规则感和自律品质的核心，是培养幼儿在各生活领域中的规则和制度意识的前提条件。事实上，一个人的规则意识往往形成于幼儿期。规则对幼儿乃至成人生活的重要性要求幼儿教师充分理解规章制度并能够正确而有效地制定班级规则——既尊重幼儿的个性化需求,又能够体现特定文化中有益于幼儿身心健康的集体规约,使民族传统节日中的有益的生活常规有机融于班级规约中。幼儿教师对幼儿园规章制度的深度理解及修正与完善的能力是她们实践性知识的基本构成。幼儿在自由而有秩序、有规则的探索中逐步建构起个体丰富的精神世界,并通过个性化的表达而展示出来。

幼儿的学习需求需要幼儿教师尊重幼儿生活区域的文化背景,从中获取幼儿感官学习材料和环境创设的资源、提取生活习俗中的合理常规和待人处事之道以及地方性的精神品质。这正是教师在日常生活中从下意识习得到自主思考与探索而获得的实践性知识。对物质文化的感受、对制度的理解以及精神文化的自我建构共同支撑起幼儿教师实践性知识体系,彰显幼儿教师的专业品质。

2. 幼儿教师完满生活的获得

胡塞尔的生活世界理论指明生活世界是蕴藏着丰富的价值和意义的世界,是教育的源泉和归宿,而"与生活的图景相一致的教育实质上就是自我教育,与学习是一个问题的两个方面"。[①] 日常生活中的学习把家庭、社区、工作场所及社会组织等在个体生命历程中有机联系起来,使其成为一种文化生态,进而推动个体公共生活和私人生活、职业生活和休闲生活的平衡。正因为此,幼儿教师在家庭生活、公共生活中获得的生活常识与职业生活所需的专业知识得以相互转化、本土性知识与普遍性知识有效互动、个体知识与理论知识相互促进,进而提升幼儿教育的品质。

幼儿教师日常生活中的学习使学习回归生活的本义,学习与生活融为一体,进而为教师提供了更多自由时间来度过休闲生活。"个人幸福、家庭稳定、全体观念、健康、环境、经济的等等都与休闲密切相关",[②]"作为能够对

[①] 刘旭东. 教育的学术品格与教育理论创新[M]. 北京:中国社会科学出版社,2017:136.

[②] 杰弗瑞·戈比著.21世纪的休闲与休闲服务[M]. 张春波,张定家,刘风华译. 昆明:云南人民出版社,2000:162.

幼儿园乡土课程文化建设协同研究

多种生活方式兼容并包的休闲,以精神文化生活的丰富性、多元化和幸福生活为旨趣,直接关涉人生的幸福。它是人的身心得以更新、再生的过程,也是创造和技术生成的土壤,与人的价值目标的实现密切相关"。① 幼儿教师休闲生活的获得有助于克服现代教育中学习的异化,使人性得以自然发展与成长,人的天赋资源得以最大保全。

日常生活既显现着社会的样貌,又内含特定社会的文化形态。幼儿教师的学习是在人与自然、人与社会、人与自我的关系处理中逐步从自发走向自觉的过程,这样的学习既是对幼儿学习特点的尊重,更是对教师自身完满生活的满足。幼儿教师的生活是鲜活而又丰富的,运用什么方法来从生活本身的样态中研究学习机制呢?生活历史法正是基于成人一生的口述资料,运用小组解读而从多视角"透视"个体在特定社会和文化情境中的心理过程。运用这种方法探索幼儿教师日常生活中的学习过程,将有助于该研究的深化,需要在今后的研究中持续进行。

第二节　幼儿教师继续教育文化品质的发展

一、幼儿教师继续教育工作者学习、研究和发展的三位一体

正如幼儿教师基于基本生活、家庭生活、职业生活和公共生活中的学习而形成自我生活的品质,幼儿教师继续教育工作者(简称为继续教育教师)的发展也源于个人的日常生活,特别是职业生活中与幼儿教师的相互引领。二者的相同之处从根本上源于对婴幼儿生活和成长的长期研究和实践。

---

① 刘旭东. 教育的学术品格与教育理论创新 [M]. 北京:中国社会科学出版社,2017:137.

（一）继续教育教师的学习内容和方式

继续教育教师不同于普通高校学前教育专业的教师。继续教育教师主要面对的是处于职业生活中的幼儿教师，要与幼儿教师共同面对幼儿园的整体环境，帮助教师胜任自己的工作并有适合于自己的长期生涯规划与有效发展路径。幼儿园是继续教育教师学习的场域。

向"幼儿园"学习的实质就是向教育实践的学习。幼儿园是幼儿教师在尊重幼儿学习特点基础上进行教育活动的场所，是教育实践展开的地方。"实践领域本身在具有较大穿透度的同时，又具有强大的整合功能，它能够把各种异质性的要素整合在一起，可以使更多的具有不同的学科旨趣者以个性化的方式共同行动于其中"。[①] 幼儿园的教育实践是具有不同文化背景的幼儿教师为了共同的教育目标而在各层级的制度框架下产生的行动。幼儿教师的行动具有不同的"习性"和"意图"，[②] 同时又深受时间、空间以及人际关系的影响。"习性"是一种历史生成的、持久的、社会的"潜在行为倾向系统。"[③] 幼儿教师的"习性"生成于不同的家庭、区域等文化背景中，她们在各不相同的生活历史中形成不同的习性。习性使幼儿教师的生活经验以"感知、思维和行为图示的形式而储存"[④]，因而使实践具有一致性和稳定性。意图是幼儿教师行为的直接原因，[⑤] 因其隐蔽性而不易捕捉和言明，但却指导或规约幼儿教师的一言一行。时间、空间和人际关系则是幼儿教师教学生活的三大要素，因而制约着各项教育活动，也正是实践中极为丰富的情境激发幼儿教师形成随机应变的能力，进而生成教育智慧和生活智慧。

---

① 刘旭东.教育的学术品格与教育理论创新[M].北京：中国社会科学出版社，2017:42.
② 石中英.论教育实践的逻辑[J].教育研究.2006(1):3-9.
③ 皮埃尔·布迪厄，华康德著.实践与反思——反思社会学导引[M].李猛，李康译.北京：中央编译出版社，2004:56.
④ 皮埃尔·布迪厄，华康德著.实践与反思——反思社会学导引[M].李猛，李康译.北京：中央编译出版社，2004:57.
⑤ 石中英.论教育实践的逻辑[J].教育研究.2006(1):3-9.

为此，继续教育教师首先要学习和领悟实践智慧，向幼儿教师学习，特别要向具有丰富经验而又统筹幼儿园各项事务的管理者学习，理解她们的管理思路，体会她们的管理智慧。与此同时，继续教育教师要向幼儿学习。幼儿具有吸收力的心智，善于观察、探索、试验，对万事万物的理解往往具有不同于成人的视角，而这种差异正是继续教育教师学习的契机。幼儿园是一个充满成长乐趣的场所，这种乐趣源于良好的师幼关系、领导与教师的关系、教师和家长的关系等，丰富的关系网赋予学习者整体的视角和深层的情感体验。

向实践的学习需要在实践者创造的活动情境中进行深度体验。这是学习的首要方式。如体验丰富的班级活动、别具一格的教研活动和不同于高校的科研活动。其次，观察是向幼儿园学习的重要方式。幼儿园为幼儿创设有准备的环境，环境是幼儿和幼儿教师互动的重要媒介，不通过观察就无法体会幼儿的学习方式和幼儿教师所具备的隐性知识，更无法体会人际互动的细节以及行为背后的价值观。再次是对话。对话或言谈是使教师隐性知识变为显性知识的重要方式，也是明确教师实践意图的重要方式。如果幼儿园有发表的文章和出版的著作，那么阅读也是向幼儿园学习的必要方式。最后是合作中学习。合作包括课题的互动以及围绕问题解决而开展的讨论与行动。

（二）继续教育教师的研究问题及其研究范式

向幼儿园的学习一方面是个体日常生活的丰富，另一方面也是学术生活和非学术生活之间的平衡。"倘若人变成一个完全学术性的人，生活充满理性与竞争性，身上所不断掩饰的部分会因为未经培养而不断枯萎，使生命只以一种微小而又暗淡的方式继续存在"，"忽视它们只能使自己的生活变得更短暂"。[①] 幼儿园生活的全身心体验可以使继续教育教师理解幼儿教师的立

---

① Michael Kuelker, A Life in Proverbs:An Interview with Anand Prahlad [J].African American Review,2009:659–660.

场,进而提出实践中亟待解决的真问题,比如幼儿教师所期待的"学习"与专家界定的"学习"之间的差异问题,幼儿教师的个性化班级管理问题,园长的诸多角色与幼儿园课程领导者角色的平衡问题等,这些研究指向于幼儿教师生活品质的提升。继续教育教师的研究不仅应该关注幼儿教师直接面对的问题,如区域游戏指导问题,教研活动的设计问题,更应该关注幼儿教师幸福生活的获得和长期职业生涯规划问题,两类研究缺一不可。问题的解决需要理论层面的研究,也需要应用层面的研究。应用层面的研究以行动研究范式为主;田野研究和生活体验研究也可以服务于实践需求,但更有益于本土理论的建构。研究中,"我们必须以自己的生命去体验,以自己的身心去研究,以自己的心灵去撞击,以自己的生命去呼应。如果仅仅把它当作一般的知识、逻辑、哲理去学习,与自己心灵深处毫不相干,那肯定不会有真正的收获"①。这种有生命色彩的研究源于对实践的长期关注。"实践的主要特征就在于能够使人通过实践而获得自我彰显和主体间的语言沟通,并因此而开发出人的存在的最高可能性:自由的言论和行动,人们之间真诚的、充分的讨论与质疑。"② 从教育实践出发,运用与实践密切相关的研究范式开展研究可以从多学科视野阐释、理解现实中的问题,还原教育理论的文化品格,③ "把教育与全部人生、社会问题放置在一起作为整体加以考虑,直面教育实践是教育理论的价值旨趣"。④

(三)继续教育教师发展的方向和阶段性目标

继续教育教师作为国内幼儿教师发展的合作伙伴及幼儿园教育品质提升的重要支持者,不仅有开展专业研究的学术使命,也有深切关注实践的教育情怀,因而既是幼儿教育本体理论的建构者,也是幼儿教育实践的引路者与

---

① 郭齐家.略论中华民族传统道德伦理的特质[N].深圳特区报,1996-10-21:15.
② 张能为.理解的实践[M].北京:人民出版社,2002:88.
③ 刘旭东.教育的学术品格与教育理论创新[M].北京:中国社会科学出版社,2017:43.
④ 刘旭东.教育的学术传统与教育研究[J].高等教育研究,2008(01):XX.

合作者，是理论逻辑和实践逻辑和谐关系的持续构建者，是与幼儿教师共同创造幸福生活的不懈追求者。

为此，继续教育教师应有自身的职业生涯规划或阶段性目标。第一阶段是学科结构的合理构建和研究团队的建立、有效合作。蒙台梭利教育思想形成首先源于其合理的学科结构及学科边界的突破。蒙台梭利有医学、人类学、心理学和教育学的学科背景，她每一个教育观点的提出都是跨学科探索的结果，如幼儿吸收力的心智、婴幼儿发展的敏感期、自由活动中自律意识的形成等。合理的学科结构是研究品质的基本需求，不同学科背景的团队成员之间有效交流与合作可以在一定程度上保证对实践的多角度、多层面观照。幼儿教育中鲜活的实践构成理论研究的基础；团队对前沿的成人教育理论、学习理论、自我领导理论等的关注可以尽可能避免本土继续教育理论研究在某些方面的滞后性。

第二阶段是与幼儿园确立合作主题并进行持续的协同研究。如果没有对幼儿园当前教育现状的深切感知和理解，学科知识只是头脑中静态的存在；越是关注和理解实践，越能够从深厚的文化中汲取营养，开展富有生命色彩的研究，进而准确地把握并体现时代精神。

第三阶段是本土幼教理论的建构。幼儿教育领域，一代代研究者不断努力介绍国外的前沿理论并用来分析我国各阶段幼教中的基本问题；今天，站在前人的肩膀上，继续教育教师以幼儿园的实践为根基，拥有了构建本土幼儿教育继续教育理论的基本保障。

二、依托幼儿园构建系统培训网络

幼儿园教育是一个整体。与此相应，幼儿教师的继续教育应该具有整体性。这种整体性一方面体现在针对幼儿园的各个角色都有与之相对应的课程，课程之间具有连续性；另一方面体现在对幼儿园当前遇到的主要问题具有完整的课程结构或体系。为此,幼儿园是继续教育机构系统开展培训工作的依托力量。

目前北京教育学院根据幼儿园的新教师、骨干教师和卓越教师的培养分别设计了"启航项目""青蓝项目"和"卓越项目",这是根据幼儿教师发展不同阶段而体现的培训整体性。根据幼儿教师的不同角色,如保育员、班级成员、班长、五大领域的专职教师、教研员、科研员、后勤负责人、保教主任乃至园长的自下而上的角色分工的培训体系的建立,以及对幼儿园教育与管理中的文化建设、干部培养、幼儿教师个性化教学风格的形成等一系列核心问题,经过梳理和深入研究后的培训模型的构建,需要从幼儿园中选择伙伴而构建稳定的团队来合作完成。

培训的整体性是幼儿教育继续教育团队专业性的体现。这首先需要经过研究的系统设计;其次需要研究成果的转化,并从幼儿园选择合作伙伴来设计连续性的课程,包括课程内容和教学方式;再次,需要对培训课程及其效果持续性的研究,不断丰富课程内容。最后,对培训学员的成长进行持续跟踪研究,根据研究成果不断更新继续教育观念。

幼儿园是处于生命之初的个体成长离开家庭而迈入的第一个空间。幼儿园从时间和空间上都需要不断探索符合人类发展规律的办园模式与思路,纵观古今内外,夏山学校、蒙台梭利的儿童之家、日本的巴学园以及身边的中华女子学院附属实验幼儿园等,不同的园有不同的文化背景,却因有共同的追求而体现出纯真的教育品质,这里更是继续教育教师需着力探索的不可缺少的"场域",借此而不断深化对幼儿教育培训系统性的理解,进而及早行动。

幼儿教师继续教育的系统课程并不是独立于教师的日常工作而存在,也不是凸显成人教育的价值,而是在尊重成人日常生活中的学习基础之上,有机镶嵌于幼儿园这一场景中的研究型课程。课程内容尊重幼儿教师的最近发展区,既体现现实的需求,又蕴含未来的发展方向。

三、幼儿教育品质的发展

幼儿教育品质的发展需要教育探究本性的回归。教育是人类生活的根本,生活是教育的源泉。生活是主体在具体时空中与自我、自然、他人乃至社会不断建构关系的过程,教育的本义正是促进各种和谐关系构建。幼儿处于个体生命之初,尤其需要在教师的引领下从自发走向自主、自律,在与自然的亲密接触、与他者的平等相处中健康发展;需要幼儿教师正确理解教育之根本。

(一)人与自然的共生

生物进化史表明了生命与自然环境之间的密切关系。自然环境是包括人类在内的所有生命体生存的先天条件。"自然"英文为 nature,即天地万物之道,原意为植物、动物及其他事物自身发展出来的内在特色。《汉语词典》中"自然"有多个含义,"一指自然界,泛指具有无穷多样性的一切存在物,与宇宙、物质、存在、客观实在等范畴同义,包括人类社会;狭义指与人类社会相区别的物质世界,通常分为非生命系统和生命系统"。① 农业文明和游牧文明都显示了人类正是在按照自然节令安顿生活、修身养性时才得以不断发展。自然界是一个生态圈,是一个动态系统,某一要素的变化会引起整个系统的变化,具有一定的自组织和自调节功能。生态系统包括非生物环境、生产者、消费者、分解者四个主要成分。非生物环境指土地、河流、高山乃至节令、气候,这是植物和动物依存的空间。生产者指草地、树木等绿色植物,它们利用太阳能进行光合作用而提供自身生长所需。消费者指各类动物,需要直接或间接依赖生产者制造的有机物质生活;从自然属性而言,人也是消费者。分解者指小型消费者,如细菌等生物,它们通过分解动

---

① 中国社会科学院语言研究所词典编辑室.现代汉语词典[M].上海:商务印书馆,第6版.

物尸体或枯死枝叶而释放生产者利用的化合物等。四个成分彼此依存，紧密相连。人作为自然界中的有机组成部分与其余生物是平等的，其动物图腾正是各民族祖先情感的价值和意义产生的历史逻辑起点，① 以农业和牧业为生的人经常思考的是人与动物及植物间的关系，各种动物的习性有什么不同，各种动物的栖息特点有什么不同，对不同动物应采用哪些不同的饲养或狩猎方法。② 谚语中与动物相关的谚语是最丰富的，这些谚语一方面表明了对动物的认识，另一方面借用动物来类比人的特性和道德等，体现了他们在认识自然、改造自然中形成的朴素的生态平衡观。幼儿教育的品质需以尊重自然生态观为前提。

（二）人与社会的关系

马克思提出"人的本质不是单个人所固有的抽象物，在其现实性上，它是一切社会关系的总和"。这句话蕴含着三层含义，一是人之产生源于社会关系，群体在劳动中克服自然环境中遭遇的各种困难而得以生存和繁衍；二是人的发展源于社会关系，人在与他人的合作中增进自我认识，提高做事能力；三是人在社会关系的发展中成就自身，人需要了解社会发展史，社会发展为人的改变及自我价值实现提供条件。幼儿交往与生活适应能力是其社会性品质的重要表现。幼儿教育需要从"大社会"中汲取丰富资源，并且尊重教育各主体之间的相互引领与相互成就。

（三）人与自我：从"自我修养"到"自我领导"

哲学视角下，人是自然属性和社会属性的统一体，兼具感性和理性；心理学视角下，弗洛伊德视人为本我、自我、超我的统一体。人之复杂性体现于身体、心理、社会性三者的关系中，在于感性和理性的均衡发展，即自

---

① 李艳华，王雨航.论生态文明生成与发展的价值观基础[J].河南师范大学学报(哲学社会科学版),2015(1):97–100.

② 何星亮.图腾与中国文化[M].南京：江苏人民教育出版社,2008:132.

我发展的生态平衡。人往往在日常生活中通过学习、思考和交往促进理性能力的发展，通过情感体验和人生态度的磨炼促进个性品质的完善和人际觉察力的提升，通过技艺的习得、符合礼仪的言语交流等来促进个体的身体技能的发展和社会性品质的提升。这就是日常生活中学习的价值。"在真正的生活中，学习行为体现在个体主动性的彰显方面"。人在生活实践中是主动学习者的角色，"实践的多样性体现学习者的巨大潜力"，[①]体现个体的主体性。"主体性意味着独特性（individual）或个性（personal），它是自发的、无法描述、不可预知且不能被讨论的；品味（taste）、情感（feeling）、态度（attitude）、目标（aims）等都是其体现"[②]，其中，"情感不仅是人形成正直、善良、宽容、敦厚等品质的重要基础，也是推动人定向行动的内在动力；同时，情感有利于人的交往，富有情感色彩的表达可以增强对自我及他人的激励作用，加强人与人之间的相互依存性，增强团体凝聚力"。[③]

个体在日常生活中的学习是自我修养的过程。自我修养是自我领导的前提，自我领导使个体自我修养更主动，如通过培养积极情绪来调节感情生活，通过时间和空间的合理设计来有效利用资源等。幼儿教育应珍视幼儿自发的力量，通过游戏指向于幼儿的自我主导性学习，借此机会发展幼儿的自律性和自我领导能力。

[①] Henning Salling Olesen. Break up in Traditional Work Identities - Theorizing The Subjective Side of Work(Adult Education And The Labour Market IV)［M］. Roskilde University Centre and ESREA, 1998:194.

[②] Henning Salling Olesen. Adult Education and Everyday Life［M］.Roskilde University Centre,1996:39.

[③] 朱小蔓.情感教育论纲［M］.北京：人民出版社,2008:5-6.

第三节 幼儿园的可持续发展

一、幼儿园理念系统

幼儿园的理念系统（如图3）内含幼儿园的核心价值、办园目标、办园愿景、教育理念、育人目标及管理战略。其中，核心价值是一所园的根本，显示出幼儿园对社会与个体的根本意义。幼儿园的社会意义体现在一所园的办园目标与办园愿景中；幼儿园对个体的价值体现在育人目标中，育人目标与幼儿园的教育理念密切相关。管理战略是幼儿园实现核心价值、办园目标、育人目标的根本保障。

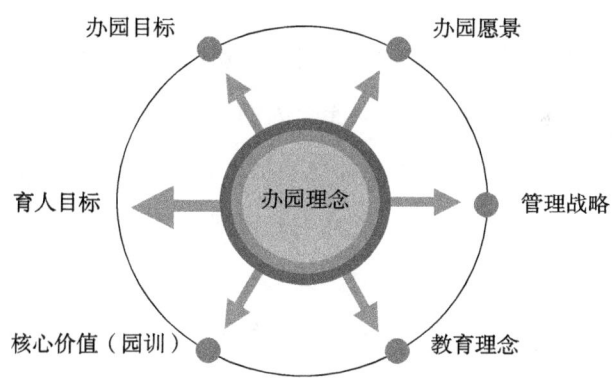

图3 幼儿园的理念系统

二、理念系统构建的基石——园长的思想根基

当代社会，无论是快节奏的大都市还是相对缓慢的乡村，儿童自由自在的生活在时间和空间上都受到了挤压；不仅渐渐远离了广阔而纯净的自然环

境，而且与当地在漫长的历史中积淀的本土文化在不同程度上相脱离。现代学校教育在引领儿童的幸福成长中所发挥的价值需要进一步凸显，在赋予学生知识、能力的同时为他们创造幸福的体验。幼儿园是学生面临的第一个学校环境，它帮助幼儿从家庭生活逐步走向义务教育阶段的学校生活。在一定意义上讲，幼儿园的幸福生活将为幼儿赢得幸福童年和未来的学校生活奠定坚实的基础。

幸福生活是每个人所追求的终极目标。对幼儿而言，幸福的童年生活体验是赢取一生幸福的关键，而这不仅取决于幸福的家庭生活，更来源于充满快乐体验的幼儿园生活。幼儿园作为一个独立于小学的教育机构，它在物质环境、规章制度、师幼精神追求、课程建设等方面具有更多的自主权，园长在这些方面的领导力及核心价值追求与幼儿的幸福生活密切相关，其价值观念不仅引领幼儿教师的工作思路与方法，更能在一定程度上更新家长的教育理念和方法。

为幼儿创造幸福童年无疑是所有园长建设园所的价值追求，然而园长的学前教育专业能力、管理能力乃至个人的人格魅力都深刻制约园所服务于幼儿幸福体验的质量。《园长专业标准》从规划幼儿园发展、营造育人文化、领导保育教育、引领教师成长、优化内部管理及调适外部环境六方面及各方面的专业理解与认识、专业知识与方法、专业能力与行为三维度提出了具体的要求；然而，园所实践工作却是对园长综合能力特别是管理机智、教育机智的考察。那么，在园长和幸福童年之间的核心支持力量究竟是什么呢？这需要我们通过深刻认识幸福童年的内涵来不断追问和探索。

（一）何谓幸福的童年

"幸福童年"是一个整体，为了更深入地理解其内涵，我们需要对生活、童年、幸福三个概念一一加以分析。首先，我们需要对须臾不可分离的生活从学理意义上加以探讨。历史上很多哲学家对生活提出了独到的理解。

第五章
协同研究的展望——幼儿园文化的可持续发展

20世纪以来，现象学家胡塞尔提出"生活世界"，这里的生活包含有三层含义：第一层是狭义的"生活世界"——与通过理念化的方式产生的客观科学的世界相对应的日常的、知觉的给予的世界；第二层是作为特殊的生活世界——不同职业的人们在不同的、各自的实践活动视域而形成各自特殊的生活世界；第三层即广义的"生活世界"，是一个生动、鲜活的意义整体世界。哈贝马斯将现象学中的"生活世界"引用到社会学理论中，更加丰富了这一概念的精神内涵，使之具有三重意蕴：以文化、社会和个性为内在结构；构成交往行动的背景和相互理解的信息库；具有内在结构的同时，还具有与客观世界、社会世界与主观世界相联系的外在功能。① 维特根斯坦提出与"生活世界"基本相同的范畴——"生活形式"，"寻找作为生活形式的语言就是寻找一个安宁的家。"② 由此看来，生活首先指的是我们在通俗意义上理解的吃、穿、住、用、行及与此相伴随的文化；以此为基础产生了个体的职业生活和任由我们想象力发挥的广阔的生活空间。个体的生活总是置于特定的社会、文化背景中，因此对生活的理解离不开对时代精神及具体的文化样式的把握。

童年指人学龄早期的一个时间段，始于幼儿阶段，延伸至小学。"童年生活"在不同时代有不同的内容。在幼儿园没有普及之前，童年生活多是就地取材，与街坊邻近的小伙伴们在大自然里尽情撒欢，玩具多是自制的弹弓、皮筋等；即使是小学生，也会在放学后相约一起玩各种集体游戏，如丢沙包、滚铁环、结电铃、跳房子、过家家等。幼儿园普及之初，语言、算术等科目有固定的教材，在各科知识竞赛中表现好的幼儿会在全班小朋友面前佩戴小红花、表演节目，这样的"荣誉"成为童年生活中的重要组成部分。幼儿园普及之后，加之新课程改革，丰富多彩的活动逐渐取代了分科教材中

---

① ［德］哈贝马斯著.哈贝马斯精粹［M］.曹卫东选译.南京：南京大学出版社，2004:54.
② 尚志英.寻找家园——多维视野中的维特根斯坦语言哲学［M］北京：人民出版社,1992:204.

的静态知识，因地制宜开展活动成为各所园追求的目标。在此过程中，园所在区级、市级的检查与评比中根据教育质量的不同被划分为不同级别；优质资源的不均衡导致入园难问题，随之，园所与家长之间无形中产生了巨大的心理压力；这种压力不断转嫁给幼儿，入园前的面试、集体生活中的竞争、攀比等开始占据了稚嫩的心灵。社会的巨变、文化的转型以及学前教育质量的急迫提升，这使得幼儿成长失去了一个安全、自在的社会空间和心理空间。

幸福在不同的学科中有不同的诠释。从心理学角度而言，幸福指一个人的需求得到满足后产生的长久的喜悦，并希望一直保持现状的心理情绪，这种心理情绪被划分为四个维度——满足、快乐、投入、意义。由此看来，幼儿的幸福便是幼儿自身所感受或体验到的自我需要的满足感及在活动中全身心投入的状态，进而对其生活所产生的长远的意义；幼儿的满足感不仅来自于教师为其创设的环境及多样的活动，而且来自于小朋友间的友善交往与合作。我们结合生活世界的概念来理解幼儿的幸福生活。对幼儿而言，游戏是其基本活动。吃、穿、住、用、行既为游戏的开展提供了必要前提，也成为游戏活动的来源。这是因为在幼儿的眼睛中，人类的日常生活所需是一个全新的世界，他们对此充满了好奇，尝试用双手去探索，从而创造一个为成人所无法想象和理解的独有的精神世界。制作甜点、为服装设计标志、搭建帐篷……幼儿均视之为探索性的游戏；在这个过程中，幼儿获得愉悦而幸福的心理体验。正是在这样的生活中，幼儿拥有自己的话语权，努力和大自然、重要他人、社区文化乃至自己建立起和谐的关系，从而赢得幸福童年。伴随着幼儿年龄的增长，他们逐步从日常生活中观察和体验到不同职业的生活，如理发店、医院、警察局、消防馆等，这些社会机构在区域游戏中的设立不断丰富了幼儿对广阔生活世界的理解。如果说职业空间是认识范围的横向扩展，不同时代的生活方式的展示则是帮助幼儿纵向认识的延伸。从幼儿的生活世界出发，从幼儿的认识起点开始，才有可能满足幼儿的心理需求，进而为幼儿提供深刻而有意义的幸福体验。伴随着这些体验，幼儿认真、耐心等良好的学习品质逐步养成，从而为性格的养成和终身幸福奠定坚实的基础。

幼儿是追寻幸福童年的主体，我们成人——家长和幼儿园教师需要因势利导，做强有力的伴随者与支持者。这样，城市幼儿和乡村幼儿才有可能各得其所。例如，三教寺幼儿园基于老北京文化建立了幼儿活动中心。这里的环境创设、活动设计、价值追求都是对北京自古以来一直传承至今的民间艺术、歌谣等的充分利用与挖掘。这些源于北京幼儿的实际生活而又扩展了其对生活的理解和把握，丰富了其生活经验。房山佛子庄幼儿园则利用山区浓厚的民俗——二月二庙会来拓展幼儿的生活体验，并以此为起点来建构山区幼儿四季生活的多种体验——春天与农民伯伯一起种植、夏天摘野菜、秋天收获各种农作物和水果、冬天则学习储藏各种食物。由此可见，幼儿的幸福生活不只是一个个孤立的活动，而是需要经过园所精心设计与酝酿的一系列活动。这些活动引领幼儿的兴趣和能力的持续发展，帮助他们体验并创造着自己的幸福生活。

（二）园长——幸福童年的理解者、追随者、传播者

《幼儿园园长专业标准》中指出：园长是履行幼儿园领导与管理工作职责的专业人员，需要树立以德为先、幼儿为本、引领发展、能力为重、终身学习的办学理念。幼儿为本指的就是视幼儿快乐健康成长为首要任务，为幼儿创造幸福童年为第一要务，这首先取决于园长对当前社会背景下幼儿心理及文化的深刻理解。成人与幼儿认识事物的方式不同，幼儿主要依靠各种感官和行动来认识事物，成人则主要依靠理性来认识事物。认识方式的不同必然形成不同的生活方式，而生活方式便是文化。通常情况下，成人在日常生活中是有力量的，婴幼儿则尚不具备良好的表达能力和思考能力，因而其自主的生活常常被压抑而失去色彩。园长作为幼儿教育领域的实践者，在长期

与幼儿交往中逐步了解他们的身心发展特点，工作经验的积淀和理论知识的学习使得园长对幼儿的成长规律有了更加全面和深刻的认识；不仅如此，园长以这种认识来引领全园教师系统性地建构园本课程，确立园所文化，进而为幼儿赢得自主的生活或文化样式。从这个意义上讲，园长首先应当是幼儿文化的理解者、传播者和永远的追随者。向幼儿学习是园长终身学习中的重要方面。

具体而言，园长对幼儿的理解源于个人体验和系统性的专业学习，以此来引领教师和家长来理解幼儿。这主要是因为幼儿的表现源于婴儿期的成长。新生儿从出生到整个婴儿期，靠着自己的努力渐渐地学会了观察，发声、双手抓握物体、翻身、坐立、说话、走路。在这个快速成长的时期，婴儿对外界环境进行吸收，把周围事物变成他心灵的一部分。这里的吸收意在指婴儿强大的学习能力，这种能力到成年后就慢慢丧失了。好奇心是吸收力心灵的一部分，出生不久的婴儿对亮丽的色彩感兴趣；五六个月大的婴儿对声音充满好奇，对于近前的物品总想去抓握。敏感性也是吸收力心灵的重要品质，它使得婴幼儿在一段时期内只对某些事物感兴趣，因而可以将这段时期称为敏感期或关键期。蒙台梭利在《童年的秘密》①中对此进行了全面的阐释，指出了1—3岁是语言敏感期、2岁的孩子处于秩序敏感期等。儿童所表现出来的这些特殊能力决定了他们是生活的主人，他们的自主权直接关涉到生活的品质，他们自身是幸福生活的缔造者。然而，由于他们处于人生的早期，尚不能充分表达和显示生活意愿，这就需要家庭、社区、幼儿园充分理解婴幼儿的认知、情感等各种需求，提供适宜的生活环境和实践活动，与他们共同体验成长的乐趣。从这个角度讲，幼儿生活中的重要他人——所有成人首先应作为儿童幸福生活的"理解者"，去洞察婴幼儿的心理需求，以此为前提，为其生活和发展创造适宜的成长环境。园长需要向家长、教师和

---

① ［意大利］玛利亚·蒙台梭利著.蒙台梭利早教经典［M］张莹译.教育科学出版社,2016:23.

社会不断传播这种观念。

园长作为幼儿教育的引领者，不断向社会传播正确的幼教理念和幸福童年的应有生活的同时，可以更有力地追随幼儿的幸福生活，成为幸福童年的"追随者"。"追随者"具体表现在三个层次。一是深刻理解幼儿幸福生活的根本需求，进而从幼儿的视角来建构园所和谐关系；二是在社会变迁和文化转型的大背景下审视幼儿生活环境的变化，为幼儿的幸福生活体验寻找丰富的资源；三是深切关注幼儿的家庭文化环境，帮助家长树立正确的教育观念。简而言之，园长需要循着幼儿成长的轨迹来推进园所的各项工作，并且在带领幼儿教师和家长共同理解幼儿、帮助幼儿获取幸福生活的路上身体力行，言传身教。

中华女子学院附属幼儿园的胡华园长便是一个强有力的追随者。她以深厚的道家哲学思想、扎实的专业功底和饱满的工作热情来拥抱幼儿的幸福童年，并以此来推动教师创建幸福的幼教生活，使教师们做真实的自己，这正是园所一直追求的理念——"成为我自己，我们在一起，按自己的节奏呼吸与思考"。三教寺幼儿园的王岚园长通过创建"和而不同、合作共赢、和谐发展"的"和合文化"理念来推动家庭、社区、园所的全力合作，进而为幼儿的完满生活创建良好的精神氛围，以此来追随幼儿充满乐趣的成长轨迹。三义里幼儿园的刘晓颖园长借助学习故事来记录和思考幼儿的兴趣所在，进而以儿童为中心来推动班级管理、课程建设、环境创设等各项工作。她认为儿童是自己能够学习的主体，教师需要做的是给儿童建立丰富的关系。三位园长的"追随"方式虽有不同，但其人生的旨趣是一样的——理解儿童、成就儿童，为此而尽全力地为幼儿创建充满文化气息的成长环境，让幼儿浸润其中来获取丰富且幸福的生活体验。

（三）园长——幸福童年的创造者

幼儿幸福生活的创造者不唯独幼儿自身，幼儿幸福生活背后的有力支持者和创造者首先是园长。园长们有各不相同的成长道路：或经由多年一线教师的磨炼而以业务见长，或因良好的教科研水平而以研究见长，或者是因多年的管理经验而对园所有效的管理战略和思路见长等。然而，园长各不相同的能力只有在强有力地追随幼儿幸福体验的过程中才能更好地展示出来。幼儿不断地成长需要园长始终处于不断探索新思路和新方法的过程中。换言之，幼儿成长中不断提升的各种需求是园长创造力的重要来源。无论园长的工作多么繁忙，园长都必须关注幼儿的真实需求、满足幼儿的身心需求并创造幼儿新的需求。关注与追随儿童，追随幸福童年是园长创造性开展工作的前提，创造幸福童年是园长工作价值的根本所在。以幼儿不断变化的需求为起点，园长才有可能为所有的工作找到一个恰当的切入点和突破口。不同时代不同区域的幼儿园都处于特定的社会文化环境中，特定社会所面临的各种问题一定会折射到幼儿园的发展中；幼儿的幸福是幼儿园工作的重中之重，园长抓住这条主线才能对社会问题及园所发展问题持有较强的批判能力；明确这个核心任务才有可能带领教师共同抵制不良的社会倾向或文化样式对幼儿幸福生活的侵蚀。

幸福童年曾经就在我们的日常交往中，在与大自然的亲密接触中，这样的生活从何时开始远离我们的呢？为何需要园长来努力创造呢？近代以来，科学理性逐步成为人类的最高追求，以逻辑、准确、实证为特征的方法成为唯一"科学"的方法。① 与此相伴随的是学校教育被学科力量所规训，这种力量借助书写技术、空间的分配、时间的固定链条以及考试、评价制度控制了师生鲜活的生命活动，日常生活中多样的知识形态被挤压。幼儿园也在这种强大的力量下失去了其应有的色彩。②

首先，幼儿园中有严格的时间管理制度。幼儿的入园、进餐、区域活

---

① 刘旭东.教育学的困境与生机［J］.教育研究,2005（11）:18-22.
② 杨瑞芬.丰富生活：教师备课的新境界［D］.西北师范大学硕士论文,2008:32.

第五章
协同研究的展望——幼儿园文化的可持续发展

动、盥洗、集体活动、午睡等需要在规定的时间内完成，不允许有意外。其次，由于当前适龄幼儿较多，幼儿园无法满足这一实际需求，这使得园内幼儿的活动空间极为有限，幼儿通常在指定的空间内完成一日生活和学习活动，这就规约了幼儿的活动视野。再次，幼儿园科层制的管理制度下，从园长到班级主班教师、配班教师、保育员常需要迎接各级各类检查和评比工作，而大量的书面文字资料是检查的重要内容。这就要求教师在日常工作之余不断地书写。为此，教师不得已疲惫地应付检查，极大地影响了与幼儿在一起的生活品质。最后，幼儿园作为升入小学的准备阶段，为了帮助幼儿尽快适应小学的各项规章制度，学科知识以一种无形的力量渗透进幼儿园课程之中，特别体现在大班的教学中，这种单向度的幼小衔接要求制约了幼儿游戏活动的深度与广度。

在此背景下，幼儿在幼儿园的幸福体验受到了极大的束缚。当下幼儿的生活不再是无忧无虑、充满自由气息的童年生活，他们的行为越来越多地受到成人的关注，同时也越来越富有了成人的指向性，而不再是出于童稚之心的自然行为。这引发了人们的诸多忧虑。还给幼儿幸福童年生活，成为园长义不容辞的责任。为此，园长们需要对园所工作有一个批判性的思考，以此为前提来创新园所工作制度，为师幼提供更多的活动时间；根据生命的需求来调整时间，并且建构起师幼之间的真实而自在的关系，还给师幼丰富而真切的生活体验。这样的工作必须怀着极大的热情而充满创造性地开展，从这个角度讲，园长是幼儿幸福童年的创造者。

园长的创造性体现在园所工作的各个方面。例如广州东方红幼儿园创设的围观活动。围观活动指的是教师、艺人、艺术家、家长等有专长的成年人作为活动的发起者，在一个宽松自然的环境中引发幼儿的一系列学习活动或持续几天的探索过程；这是支持幼儿从边缘走向中心的一种自主活动形式。在围观活动中，少了强迫性而多了引导性；少了必然性多了可能性；以极为宽松自主的活动环境和形式为基础。

持续5天的小画家围观活动

第一天，陈老师像幼儿一样，带自己喜欢的东西到操场玩。小朋友玩自己的玩具，教师画自己的画。小朋友在玩耍的过程中围观老师画画并开始讨论起来，并有个别幼儿与教师相约明天一起画。第二天，陈老师刚出现，小粉丝们就开始围起来，提议画园中的一朵花。边画边聊，幼儿也主动和教师合作画画。第三天，班长教师走到幼儿中间，孩子们纷纷让老师看自己的画作，还说："老师，您抱抱他吧。"第四天，小朋友们各画各的，小脑袋挤在一起，不用商量但又合作默契。班长教师成为幼儿和陈老师画中的人物。第五天，陈老师写生画幼儿园的木头人，孩子们说自己也画幼儿园，不同的孩子选择不同的事物，如画"小朋友们一起玩"等。此时，陈老师有了越来越多的小粉丝。

——摘自林举卿园长2017年10月17日的"美篇"微信空间

在这样的活动中，林园长打破了幼儿园固定的时间和空间安排，基于教师和幼儿的心灵需求而创设了一种自愿结合而成的师幼关系活动。

林园长的这种创造性既来源于个人对生活的挑战和对艺术的独到见解，也来源于实践工作中的大胆探索。她认为艺术氛围的熏陶比艺术技能学习更重要，技能的学习是比较容易的，她学习了古筝弹奏等多种技能。基于这样的认识，她每周都会请艺术团入园为孩子们表演。渐渐地，她对园所周边的文化环境了如指掌；更富有魄力地摸索活动新思路。

北京三教寺幼儿园的王岚园长的创新意识不仅用于园级主题活动的开展中，更体现在多维管理制度和园本培训之中。多维管理指的是业务园长与小、中、大班保教主任、年级教研组长及音乐、绘画、数学、科学等各领域专业教师、班长教师之间的多维关系,这样的管理制度有助于教师智慧的流动和共享。园本培训则主要体现在学期开始和学期末的总结工作中。学期开始的培训内容取决于前一学期教师的亮点工作,学期末的培训则是分享一学期中不同教师的成长思路并帮助其进行提炼和总结,进而推广到其他园所分享和交流。王园长在管理中的创造力取决于她在更广阔的平台中相互借鉴、取长补短,如与美国、日本园所的交流、与其余省市幼儿园的手拉手活动。同时,她注重对教师优势力量的挖掘和展示。而这种挖掘既体现在能力方面,更体现在情感方面。园所几乎每一位教师都感谢王园长的大度、宽容和无私的帮助。①

(四)创造幸福童年的路径探寻

幼儿幸福生活的赢取来自于幼儿生活的各个角落。家庭、幼儿园、社区和大社会中需要有幼儿独立的物理空间和心理空间;不仅如此,各个空间应该能够满足不同性别、不同年龄、不同性格幼儿的不同需求。幼儿之间充满了种种差异,尊重这种差异便是对幼儿个性的充分理解与支持。家庭作为幼儿成长的第一个空间,和谐而宽松的家庭人际环境是幼儿幸福的第一来源;父母及其长辈的协同教养有助于拓展幼儿的认知视野,丰富幼儿的情感世界;长期的共同生活有助于家长了解幼儿个性发展的过程,幼儿则从与家人交往中建立与他人相处的经验,并逐步确立起亲密而友好的关系。幼儿园是幼儿成长的第二空间,教师和同学帮助幼儿建立起更丰富而多元的人际关系;健康、语言、科学、社会及艺术五大领域的活动使幼儿获得全面的发展;幼儿在有趣而丰富的游戏中学习和成长;集体生活使幼儿学会合作、宽容等优秀品质。社区及社会中的儿童博物馆、公园等公共活动空间是幼儿的第三空间。在这个更加广阔的空间中,幼儿了解社会的构成,浸润在不同的地方文化中,习得了当地的生活经验。幼儿成长的三个空间是有机联系的,三个空

---

① 摘自 2017 年 5 月 21 日田野日志。

间幼儿成长资源的整合利用取决于家长和园长的智慧和有效的家园合作。这是为幼儿创造幸福生活的一种可能路径。

幸福生活不仅取决于不同的空间,更取决于不同空间中对幼儿心灵理解的深度。随着时代的发展,蒙台梭利、陈鹤琴等越来越多的幼儿教育家帮助我们深刻理解儿童的成长所需,提出了幸福童年所必需的生活样式,以此为思想基础,园长们在实践中开始了各种探索。基于地理位置的便利条件和长期田野研究的可能性,选择了北京西城区、朝阳区、房山区的三所园进行了研究,即三教寺幼儿园(城市中心区)、中华女子学院附属实验幼儿园(城区)、房山佛子庄中心幼儿园(农村)。在对三所园的园长成长故事深度思考和研究的基础之上,尝试提出以下可能路径。

一是以深厚的中国传统哲学思想引领教师发展。胡华园长带领幼儿教师一起读《中国哲学简史》来领会中华民族的精神内涵,认为园所环境创设中追求"虚室生白"——空空的房子才能照进太阳,也才有助于为幼儿提供清澈明朗的感受力;在理解儿童中认为"一花一世界",每个生命都应该得到充分的尊重而像花朵一样绽放;在游戏中,为儿童提供每周五的无拘无束的畅游日——"乘物以游心"。①

二是尊重文化的多样性,充分挖掘民间文化资源,提升园所的文化品质。房山佛子庄园幼儿通过对房山山区乡土文化资源的系统梳理、归类与转化,建设了四季课程体系;三教寺幼儿园新址位于四合院中,园所环境和课程既体现了老北京味道,又不乏新时代背景下与美国、日本幼儿园、小学及国内多所幼儿园的交流中所蕴含的多元文化。

三是不断创新工作思路,拓展师幼生活空间。三教寺幼儿园王岚园长以质朴的理念引领教师发展,她认为教育就是发现人的成长优势而帮助人,成就人,而管理是一种方向性的引领。在这样的理念支持下,园所干部与教

---

① 胡华.给童年留白[M].广西:接力出版社,2017:110.

师发挥个人专长，各尽所能，创造性地开展工作。2009年至今，"和合文化"理念不断深入人心，这使得园所与家庭、社区乃至社会多个机构间建立起良好的合作关系，真正体现了"开放办园"的思想；园所服务于社会的同时，王岚园长善于借力，想方设法地为教师创设更美好的工作环境，建立温馨的餐厅文化和办公文化，丰富教师的业余生活。

在中国的土地上，正涌现出一批这样的优秀园长：她们致力于儿童的幸福成长，为此而不辞辛劳地贡献着自己的智慧与才干，她们因追随儿童而造福于儿童，因创造性的工作而成就幼儿教师和幸福家庭的成长。这些敬业的园长们一方面是仰望星空的理想者，她们始终怀有对教育的美好而坚定的理想——教育能够造就幸福的人生；另一方面，她们又是脚踏实地的理念践行者，在纷繁复杂的实践工作中不断探索幼教新思路。幼儿创造力的培养首先取决于园长的创造力，而园长的创造力正是源于对中华优秀教育传统的传承与发展，源于园长理论思考力和实践工作的紧密结合，源于园长人生境界的不断提升和个性的不断完善。

三、理念系统的生成以尊重幼儿教师的实践性知识为前提

近年来，国内越来越重视对幼儿教师实践性知识的研究。研究内容主要体现为幼儿教师实践性知识的内涵、特征、形成过程[①]、路径和促进策略[②]；研究方法主要采用的是个案研究[③]。这些研究重视分析幼儿教师作为职业人的实践活动，对幼儿教师所处的文化环境没有予以充分重视，而不同层次的文化环境恰恰塑造着幼儿的实践性知识。同时，对于知识来源、形成机制及价

---

① 辛丽华.幼儿教师实践性知识及其建构机制的研究[D].华东师范大学硕士学位论文,2010:2.
② 李丹.幼儿教师实践性知识发展研究[D].西南大学博士学位论文,2011:2.
③ 管钰嫦.幼儿教师生活活动实践性知识的叙事研究[D].东北师范大学硕士学位论文,2017:2.

值的探讨，必然涉及知识观的问题。知识观是关于知识的知识，是对知识的来源、特征、形态、价值等的深刻而全面的反思①。知识观的形成与时代发展、哲学研究成果密切相关。在新的时代背景下，从文化学视角对幼儿教师实践性知识的来源、内涵、价值及形成过程进行深入分析既有助于丰富对知识观的理解，更有助于帮助幼儿教师自觉建立个性化的知识观，有助于教师个性的完善。

（一）文化性格——幼儿教师实践性知识的品质

在文化极其多样的当代社会，幼儿教师个人的知识体系不断受到外在社会规范及内在价值诉求的诸多挑战，作为知识体系中的实践性知识也必然受到多元文化及教师个人人生体验的深刻影响。因此，我们不得不把幼儿教师的实践性知识置于教师所处的整个文化生态网络中来理解。幼儿教师作为一个职业群体，面临着一个共同的文化环境——幼儿园文化；除此之外，幼儿教师因来自不同的家庭、区域及社会背景而承载了不同的家庭文化、社区文化及社会文化。梁漱溟认为文化说到底是一种生活方式。因此，我们对幼儿实践性知识的探讨需从其家庭生活、社区生活、园所生活、社会交往等方面来考察。每个幼儿教师对各自的家庭生活、教学生活和社会生活有着不同的体验与认知，这种不同便为其实践性知识打上了个性化的烙印，这种烙印体现为一种独有的文化性格。

更确切地来讲，幼儿教师实践性知识的文化性格体现为两个方面：一是幼儿教师职业群体区别于其他职业群体而具有的文化性格，这体现了幼儿文化及幼儿园文化对个体无形而又强大的影响力；二是个体幼儿教师区别于其余教师而具有的文化性格，这有助于理解同一所幼儿园的教师何以具有不同的发展方向和路径。

---

① 杨瑞芬.后现代知识观主导下的教师生活整合性研究［J］.基础教育.2009(03):41-44.

第五章
协同研究的展望——幼儿园文化的可持续发展

基于文化性格对幼儿教师的理解，其首要价值在于从整体上理解实践性知识，即强调幼儿教师实践性知识的整体性。幼儿教师的实践性知识是在个体对家庭文化、社区文化、幼儿园文化及社会文化的体验中或是不同场合的生活中而获得的个性化的知识。每一种文化都是以整体形态存在的，因此实践性知识对于幼儿教师而言是一个不可分割的整体，一种文化模式中会形成一个实践性知识体系。有学者从类型的角度理解实践性知识，将其理解为教育信念、自我知识、情境知识、人际知识、策略知识和批判反思性知识六个方面，[1] 而幼儿教师的实践性知识被划分为幼儿教育活动的实践性知识、幼儿生活活动的实践性知识、幼儿教育研究活动的实践性知识、关于环境互动的实践性知识和关于自我认知的实践性知识。[2] 这种划分有助于理解实践性知识的构成或类型，但对理解实践性知识产生的整体情境有一定的制约性。

幼儿教师实践性知识的文化性格体现为三个层面，即物质文化、制度文化、精神文化。物质文化是一种有形的文化，体现为生活中的物体及其形状、色彩及内在结构与属性。幼儿教师对物质文化的理解与感受深刻影响着对园所环境的创设能力和开发课程资源的能力。制度文化介于物质文化和精神文化之间，对个体的影响与具体的场合和情境相关。人性化的制度有助于促进群体的发展；反之，则阻碍了群体的有效合作。从这个角度讲，制度的影响力取决于个体对制度制定及其价值的认同。幼儿教师对制度的理解是批判性思考能力和创造力得以发挥的前提，这种理解有时候体现为默会知识。精神文化是一种无形的力量，作为一种信念、理念或价值追求，精神内在于个体的心灵。对幼儿教师而言，精神文化直接影响到幼儿教师的工作动机、态度和价值。由于精神文化的隐性影响力，这也使得幼儿教师的部分实践性

---

[1] 金井寿宏,楠见孝.实践知识[M].东京:有斐阁出版社,2014:10.
[2] 玛利亚·蒙台梭利.蒙台梭利早教经典[M].北京:教育科学出版社,2016:23.

知识不易察觉和显现。对物质文化的感受性、对制度文化的理解力以及对价值与理念的自我建构能力构成幼儿实践性知识文化性格的三层次。其中，对物质文化的感受性常常通过园所环境和班级环境的创设体现出来；而制度和精神文化层面的知识是内隐的，却深刻影响着幼儿教师的整体发展及其个性的完善。

（二）日常生活——文化性格形成的渊源

幼儿教师实践性知识的文化性格形成于特定社会背景下的日常生活中，同时是教师个体在生活中的主观能动性的彰显。正是在文化、社会与个体之间的深层互动中，幼儿教师的集体意识和个体意识逐渐形成，丰富的口头文本得以产生并不断传播。

1. 日常生活：社会与文化共同发展的推动力量

日常生活有广义和狭义之分。广义上的日常生活等同于胡塞尔所提出的"生活世界"，具有丰富的可拓展性；① 狭义上的日常生活指基于实践活动而形成的生活，包括维持个体生存和再生的各种活动。广义上的理解赋予日常生活巨大的空间。狭义上的理解容易使日常生活从属于社会的发展。为此，舒茨从行动视角审视日常生活，这是认识论的一种转向，有助于克服人为地把日常生活与理性自觉诸领域分割开来的研究困境，② 从主体的能动性角度来理解生活，进而"把日常生活中的个体、自我放在与历史平行的本体高度上，为个体通向自由寻找可能性"。③ 与日常生活相对应的是缺乏温情的科学世界，即非日常生活。所以，广义和狭义的理解与认识的角度和方法相关。

日常生活是科学世界（非日常生活）的基础，科学世界则在一定程度上推动着日常生活的更新与发展，同时，也促进了社会的发展。因此，日常生

---

① 陈向明.实践性知识：教师专业发展的知识基础［J］.北京大学教育评论.2003(01):104-112.
② 魏戈,陈向明.如何捕捉教师的实践性知识——"两难空间"中的路径探索与实践论证［J］.教育科学研究.2017(02):82-88.
③ 刘旭东.教育的学术品格与教育理论创新［M］.北京：中国社会科学出版社,2017:131-132.

第五章
协同研究的展望——幼儿园文化的可持续发展

活的改变是社会变迁的反映。纵观人类发展史，社会生产力和科学技术的发展使日常生活发生了翻天覆地的变化，于是产生了现代社会与传统社会之区分。然而，传统日常生活并没有因此而丧失其历史价值。传统社会中的生活习俗、丰富的口头文本依然广泛存在于现代生活社会中，并为科学技术主宰的生活提供安全的庇护所。传统日常生活中所结成的家庭关系、朋友关系、邻居关系等守护着个体的精神家园。

  传统日常生活所彰显的是传统文化。现代社会需要重视传统文化的价值，并使现代文化与传统文化在相互交流中走向融合。融合的力量从根本上取决于个体在日常生活中的主动性、自觉性、创造性，个体平衡好日常生活与非日常生活的关系，即生活世界与科学世界的关系。日常生活是个体不可缺少的支持力量，非日常生活是个体为推动社会进步所作出的努力。失去日常生活，人生便失去"源头"；失去非日常生活，社会发展将止步不前。只有二者的融通，个体、文化、社会才能在健康的互动关系中营造出较好的生活。

  2. 日常生活：集体意识和个体意识互动的主要场所

  日常生活在推动社会与文化整合中主要依存的是语言。语言既是文化的产物，又是文化传播与发展的重要力量。在传统生活与现代生活的交融中，人类自古流传的歌谣、谚语、传说等口头文本发挥了重要价值。谚语是语言的精华，长辈正是借助谚语在日常生活的具体情境中进行交流与分享，与此同时，把生活共同体的历史记忆在不经意间加以传播并传递给下一代。因此，历史记忆之核心就是代际间传承的价值观。这种价值观作为群体的集体意识存在，其中的一少部分进入意识领域，而多数则隐居于潜意识中。这正是幼儿教师实践性知识常处于缄默状态之原因，精神层面的实践性知识尤其如此。潜意识是人类心理最深层结构的意识，也是人类心理中"最原始、最活跃"的部分。[①] 教师在教学设计中的灵感或创造力源于这种潜意识。特定

---

① Henning Salling Olesen. Adult Life VI. [M].Roskilde:Roskilde University,1996: 52.

场合的激发，使潜意识具备了进入意识领域的可能性。

语言和意识在日常生活中得以传播、传承；同时，二者共同地规约着个体的行动。在这个过程中，生活共同体的集体意识和个体意识之间得以互动，这种互动既包含着对集体价值观的传承与发展，也包含着对不同群体价值观的比较与审视。在多元文化社会中，个体的价值取向也是多样的。集体和个体意识的互动依赖于初级群体及其流传至今的各种形式的聚会活动。如汉族春节的大团圆和走亲访友活动，哈萨克族的阿肯弹唱活动。在丰富的活动中，集体意识和个体意识经由碰撞而建构出新的意识和社会关系。在这里，个体不是必然地服从于集体，"意见一致不是必要的，重要的是由专心讨论而产生的思想稳定和成熟"。①

对幼儿教师而言，她们的日常生活是家庭文化、园所文化与社会文化整合的重要力量，也是幼儿教师群体意识和个体意识互动的重要场所。整合、互动的过程便是教师实践性知识产生的过程，同时也是实践性知识发挥价值的过程。

（三）个性的完善——幼儿教师实践性知识的价值

教师实践性知识文化性格的形成经历了一个持续不断的过程，这个过程中伴随着教师知识观的形成和教师个性的完善。文化形塑了教师的实践性知识，进而影响着教师知识观等人生各种观念的形成，以此为基础，教师的个性不断完善并逐渐走向成熟。

"一种文化就像一个人，或多或少有一种思想与行为的一致模式。……每一种文化都有其独创性和充分价值，应用它所属的价值体系来评价"②。区域文化、园所文化都在不同层次上影响着幼儿教师性格的完善。为了深入阐释幼儿教师实践性知识对教师个体的价值，笔者在田野研究中选择了三教寺

---

① 刘新成.日常生活史与西欧中世纪日常生活［J］.史学理论研究,2004(01):32-38.
② ［法］列维·斯特劳斯著.结构人类学［M］.张祖建译.北京:中国人民大学出版社,2006:222.

第五章
协同研究的展望——幼儿园文化的可持续发展

园陈老师和房山佛子庄园田老师为个案开展生活历史法的研究；同时，通过在各自所带班级中进行参与式观察和共同参与园内外多项活动而与两位老师有了深度的交流和讨论。

陈琳老师出生于1974年，是双职工家庭中的独生女。工作岗位上，她是骨干教师，善于设计丰富多彩、新颖有趣的教育活动；思维严谨而又灵活，为教师布置任务合理又明确。生活中，她是快男冠军陈楚生的铁杆歌迷，不断出现在自己所爱歌手的演唱现场；寒暑假，她会早早制定旅游计划，叫上好友、同事，在大自然中拍美景，拍自己，并将照片制作为明信片；她穿着很时尚，常常显现出"青年人"的朝气。同事常说她"个性特别，想法独特；她不愿重复，善于突破自我"。

田老师（详见43页）。

两位教师的个性首先受到了区域文化的深刻影响。陈老师从小生活于西城区。这里的文化特色形成于明清时期——与皇家文化相对应的平民文化。由于北京当时是全国的政治中心，地方的知识分子进京赶考等，多聚居于宣南，因而这里成为文化和学术交流之地。多元的文化交流促使宣南文化形成了"求真、务实、开放、创新"的精神品质。田老师出生于房山佛子庄乡。该地区历史悠久，素有"神龙福地"美誉，建于元末的黑龙关龙神庙是华北地区祈雨民俗文化圣地。至今非物质文化遗产——大鼓会、银音会、狮子会、吵子会、灯会等依然广泛存在于日常生活中。在这两种截然不同的区域文化中，两位教师形成了不同的性格特点。陈老师直率、坦诚、认真且富有创新意识；田老师厚道、朴实，把自己的生活与民间传统紧密联系在一起，"民间艺人陶艺展"呈现了她的精神追求。

两位教师的性格特点也受到了园所文化的影响。幼儿园既是区域文化的浓缩，更通过教育者的文化再造得以形成新的文化品质。教育者是站在文化的立场上思考教育问题的。这里所谓的文化不是某种文化，而是说人类的存在境遇与人类的生活方式这个意义上的文化,也就是说,教育应该有一种重构文化(re-culturing)的功能,或者说在教育重构文化的功能上思考教育。① 教育者从各种文化中获取资源,进而对文化进行重组、加工来建构园所文化。文化作为一所园的灵魂,源于每一位园长及园所教师的努力。三教寺园的精神品质源于其建址,经过园长对历史传统的继承与发展、教师之间的互动与传承及对外来文化的吸收而形成了"和而不同、合作共赢、和谐发展"的文化价值观。房山佛子庄园建于山区,乡土资源丰富。2013年始,决定以"让教育回归自然回归生活"为理念,从人与自然、人与人、人与自我等维度进行乡土资源的开发,形成了"春种、夏长、秋收、冬藏"的乡土活动课程。该园源于乡土、高于乡土,也不断汲取现代文化的力量而求发展,形成了"热爱生活、热爱自然,培养有根的一代人"的价值追求。两所园不同的文化价值观给予两位教师共同的影响:不断形塑着她们的职业观、教师观、知识观等。

两位教师的发展与对自己熟悉的文化的理解能力密切相关,正是在理解中形成了个体的实践性知识。实践性知识使幼儿教师更加有文化自信,进而追求文化自觉。同时,在更多样的交流中体验文化,通过理解他者文化来更好地理解自己的文化,进而完善自己的文化个性,更主动地建构个人的实践性知识,并通过交流、书写、反思等使之转变为显性知识。

"建构文化与建构人格是相关的,这离不开生活本身,因为文化和人格都是生活中的表现,同时,也离不开教育。"② 幼儿教师在日常生活中形成了丰富的实践性知识,借助实践性知识彰显着区域文化和园所文化的品格,同时也依赖实践性知识赋予自身职业的自信、自觉,进而完善着幼儿教师的职

---

① 金生鈜.无立场的教育学思维——关怀人间、人事、人心[J].华东师范大学学报(教育科学学报),2006(9):1-10.

② 金生鈜.无立场的教育学思维——关怀人间、人事、人心[J].华东师范大学学报(教育科学学报),2006(9):1-10.

业个性和每个人因不同而特有的生命力。

我国是一个多民族国家，不同民族的生活样式体现在各民族丰富的民间文化中，这成为形成民族地区教师个体知识观的核心力量。民间文化借助谚语、故事、诗歌等形式从不同程度和角度影响到教师个体的深层观念，从而使其知识观熔铸有地方文化及个人文化的双重个性。同时，民间文化促使教师的个性在与他人的分享中不断完善，其对知识和生活的理解也更深刻而有个性。

反思与总结

协同研究及其写作的暂时结束意味着向过去三年的继续教育职业生活做一告别,但却是从研究结论、研究过程及研究限度等方面进行深度反思与总结的开始。

一、协同研究结论

"在这里、去那里、再回这里"的人类学研究范式为三方主体共同开展的协同研究提供了思想和行动路线。称之为"思想路线"主要是由于三年中各个研究成员共同经历着"这里"与"那里"不同的文化生活,随之而产生思想层面的变化;称之为"行动路线"是由于协同研究不是书斋中的研究,而是高校的科学研究者、区域的教学研究者以及幼儿园的一线教师通过积极行动而推动教学探究品质的形成。行动的主旨是在特定文化情境中展现自己的言行并据此影响周围的人,行动是唯一无须事或物的中介而直接在人与人之间展开的活动。[1]

每一个人都有属于自己的"这里"——乡土,它承载着我们自己的生活史及整个族群的历史记忆,因而可称之为人的根基。对幼儿而言,乡土赋予他们自然发展的无穷力量,乡土教育以及基于乡土文化的资源挖掘、课程建设乃至幼儿园乡土课程文化的建设是提升幼儿教育文化品质的必经之路。社会组织、家庭和幼儿园之间结成的"共同体"是幼儿园乡土课程文化发展的

---

[1] 王寅丽.在哲学与政治之间:汉娜·阿伦特政治哲学研究[D].上海:复旦大学,2006.

中坚力量，园长和教师是共同体的核心，由此而形成"一核多元"的共同体结构；U-D-S协同研究是幼儿园乡土课程文化建设必不可少的力量，幼儿园教师的行动研究推动乡土课程及其教学质量的提升，高校教师的田野研究有助于乡土课程建设中制度的完善和乡土课程理念的提炼，教研员的共同参与则促成了教学文化品质的形成和可持续发展。

协同研究成果依存于行动研究和田野研究的有效结合。这两种研究范式都尊重实践的逻辑及其具体的文化情境。研究者正是在丰富、多变的情境中探究教学的旨趣并通过叙事和田野日志的书写而再现复杂情境，进而为理性思考和教育智慧的生成提供无限丰富的素材。

协同研究将是当前继续教育工作者较为理想的职业生活方式，在与合作伙伴"在一起"的生活中实现共同的发展，同时也为完满生活赢得情与理的交融、身与心的和谐。这是继续教育课程文化品质不断提升的根本保障，由此而促成继续教育文化品质的获得。

二、协同研究过程

从房山区教委会议室与协同创新项目幼儿园园长初次协商项目主题到研究方案的共同撰写，再到第一次与房山佛子庄中心园的项目核心成员开展前期调研，并把项目要开展的方式确定为"调研、设计、改进、评价"合一的行动研究范式，直到最后在参加全园组织的龙神庙庙会后确定了第一个行动研究单元，协同项目在有序开展中。然而，在通过"1+N"式的多次研讨确定好班级层面"龙神庙"活动的子主题及各年龄段幼儿社会性品质的发展目标后，由于每月两次下园时间的不充分，对乡土主题活动的实施、评价、改进等环环相扣的行动研究过程无法持续跟踪指导。

对困顿的反复思考和行动总会带来转机：每次从市区到房山区佛子庄幼儿园都是在经历一次跨文化生活，对园所附近百姓院落和生活方式的观

幼儿园乡土课程文化建设协同研究

察无疑是一种不同的生活体验,那么,幼儿教师对这里的文化生活方式如何理解,她们是如何理解乡土文化及其教育意义的,她们在项目开展前是如何利用乡土资源来生成主题活动的?对这三个问题,幼儿园所有教师可以任选其一回答。由此开始,便明确了教师对乡土文化理解的不同层次,而这正是项目顺利开展不可回避的核心问题,教师对乡土的理解构成教师教学或行动研究"意图"的重要组成部分。与此同时,教师的理解也向我提出了新的问题,乡土文化如何分类,如何转变为幼儿教育的课程资源?为此,《乡土视野下幼儿园课程文化建设》这一课题便应需而生,这一课题首先要回答"乡土"、"乡土文化"、幼儿园课程及课程文化等基本内涵。这正是幼儿园教师急需的内容。同时,应园长之需而初步搭建起乡土课程内容的基本框架:"小农民的四季生活"课程资源开发——人与自然;"家乡的风俗"课程资源开发——人与人;"乡民的休闲"课程资源开发——人与自我;"小公民的基本常识"课程资源开发——人与祖国。

于是,协同创新项目的工作便与课题研究相结合而推进。在这个过程中,区教委黄丽教研员是重要合作伙伴,她一方面帮助幼儿园教师理解课程,一方面及时解决教师行动研究中的实际问题。于是,不经意间,协同创新项目逐渐走向一条基于行动研究而又不限于行动研究的道路,这正是U-D-S协同研究之路。

2017年,房山佛子庄园在北京市学前教育学会自主申报四项相关课题,而我在协同创新工作持续开展的前提下获得在三教寺幼儿园学习一学期的宝贵机会。三教寺幼儿园不仅是房山佛子庄幼儿园的"手拉手"园,也是北京教育学院协同创新项目的基地园,由于王岚园长一向主张开放办园,这所园便成为协同研究中不可缺少的成员,有力地推进了幼儿园行动研究进程,且为课程文化及幼儿园文化建设过程的深度理解提供了鲜活素材。这个过程中,虽然高校教师带领的"社会情绪研究"等课题曾短暂性地纳为协同研究的组成部分，却也为整个团队提供了更为开阔的研究视野和思路。

2018年，房山佛子庄中心园和大兴十二幼的深度合作促成了协同研究队伍的进一步壮大。这也意味着协同研究进入成果整理阶段。于是，幼儿园教师在协同研究核心组的安排下分工完成书写工作，而我也在工作之余开始了"书斋生活"，由此而形成初步的思想成果。尽管果实不够甜美，却也为此付出很多心血。从初稿构思、写作、更改、大范围调整至今，顺着这条弯弯曲曲的"协同研究"之路不断向前；尽管，最终的呈现早已与出发时的模样大相径庭，却也是北京教育学院协同创新项目一个成员真实历程的再现；更为重要的是，作为一名继续教育工作者，找到了一条理想的职业之路——协同研究，它区别于惯用的"培训"或"课题研究"，是由和而不同的一个个自愿加入的个体共同追求更美好职业生活逐步展开的大"行动"。

三、协同研究的有限性

行动的路上，协同研究共同体得以逐步形成，协同研究进程借由偶然性的机会而得以推进。这与凭借行动之前的理性设计开展的"培训"或"课题研究"相比，会显得行动目标不够明确、过程难以复制、无法形成普适性知识、研究结论不能够服务于更多同行，但这是否吻合教育研究的学术品格呢？这还是一个暂时无法解开的疑问。

正是由于"协同研究"伴随行动而生成，研究中的"乡土""文化"等核心概念的学术性理解与幼儿园教师的实践性理解交替呈现；研究历程及由此而产生的结论呈现于不同章节；协同研究相关文案的标题在表述中有一定差异（为了真实呈现而没有完全地统一起来），由此在一定程度上给读者带来不便。

幼儿教师的行动研究具有公开性的特点，其成果直接体现在教学的改进中，但因协同研究重点关注了教师个体在思想层面的发展，因而没有精选并呈现更为丰富的主题活动个案,读者不能够更为充分地体会协同研究中幼儿社会性品质的发展;田野研究又需要在研究结束后返回书斋进行理论的建构,但因为田野研究的两所园所处区域、课程建设等方面差异大,建立乡土课程文化建设理论的田野资料不够丰富,因而研究结论不够深刻和完整。

最后,协同研究中引入政治哲学家汉娜·阿伦特的行动思想,但由于研究时间的极其有限和第二期协同研究项目的开展,尚未对此进行深入挖掘与分析,希望作为一个开始而留待以后持续探索。

结　语

我国自古是农业大国，在靠土地谋生的长期生活中积淀了深厚的乡土文化，它是中华民族不断发展和强大的历史根基，内含人与自然、人与历史、人与社会、人与自我的共生关系，是幼儿园课程及其文化建设的源头活水。当下，在社会发展从农业时代、工业时代进入知识经济时代的背景下，乡土文化对幼儿发展的巨大价值显得尤为重要。基于协同研究而推进幼儿园乡土课程文化的建设，包含从理解乡土文化、分类整理乡土文化资源，到根据幼儿兴趣和发展需求设计不同领域的活动主题和区域游戏，并实施多主体评价，直至乡土课程体系初建和课程理念逐步形成的一系列行动。

协同研究中行动研究和田野研究的整合具有一定的创新性，田野研究使园外的成员真正和园内教师成为"一家人"，共同追求教学的探究本性并提升课程的文化品质，行动研究赋予幼儿园教师的自主探究以科学性和持续发展性，进而促进教师个体实践性知识的丰富和教学风格的形成。然而，作为田野研究工作者，对幼儿教师行动研究的支持在何种程度上影响田野研究的结论，对此该如何解释，如何理解"我"的身份，这是今后需要持续深入思考的问题。

协同研究在一定程度上突破了继续教育领域的"培训"工作方式，强调多元主体、多种研究范式的有机整合，突出研究者富有个性的"行动"，因而促进了各成员的独特发展。

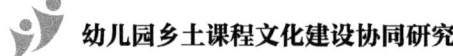

然而,协同研究对不同研究范式的包容和接受有什么具体限定,这尚需要进一步明确,以此来推动协同研究的可持续发展。

北京教育学院新一轮协同创新项目已经开始,如何使协同研究得到更大范围的理解和支持,这个问题时刻萦绕着我。唯期待先辈们不吝赐教,我定再接再厉,不断将之完善并服务于更多的幼儿园。

附录一：

2016年协同研究方案

杨瑞芬

一、指导思想

北京教育学院学前教育学院协同创新教师团队与佛子庄中心园干部、教师共同建设园所发展的开放式研修平台，在发现问题、研究问题、解决问题的过程中追求各团队的专业发展；致力于探索基于房山区乡土文化、佛子庄乡园本文化建设与发展的培训课程、培训经验。通过乡土文化课程的建设带动教师队伍专业水平的提升，促进培训团队与幼儿园团队共同的可持续发展。

二、协同研究目标

三年总目标：基于佛子庄园所幼儿社会性发展的乡土课程，提升教师借助乡土文化资源的整合创设幼儿园主题活动的能力；促进幼儿交往和社会适应能力的提升，为一生发展奠定坚实基础。

第一年总目标：通过乡土资源的挖掘、分类丰富课程资源；通过乡土实践活动的开展搜集小、中、大班的主题活动案例；提升教师的观察、记录、反思能力。

第一学期总目标：佛子庄乡风俗资料的搜集（去粗取精）、分类整理；分小、中、大班设计并组织相应的主题活动（游戏）；通过幼儿学习故事的书写来积累素材并深度反思；帮助教师掌握行动研究的要领（如观察和记录方法）。

第一学期具体目标：

项目组学员目标：根据园所提供的三次大型活动来探索三个年龄段乡土主题活动的目标、内容、原则、途径、方法等，促进幼儿乐于与人交往、互助、合作、分享；积极做力所能及的事、有信心、爱父母、爱长辈、爱家乡的情感品质。

项目组专家目标：活动总目标梳理、课程核心理念的提炼、课程框架的设计、主题活动及课程评价指标的确立。

三、第一年协同研究内容

（一）"小农民的四季生活"课程资源开发——人与自然

乡土习俗：挖野菜、农业种植、秋收；自然生态资源石头上的绘画、泥巴艺术创作、利用登山步道开展爬山远足活动、品尝地方饮食等。

（二）"家乡的风俗"课程资源开发——人与人

教师有序组织幼儿参加龙神庙庙会、大鼓会、狮子会、中幡等。

（三）"乡民的休闲"课程资源开发——人与自我

园所组织教师分阶段挖掘真武庙、银狐洞、第三空间等旅游资源，收集民间故事、民间游戏等。

（四）"小公民的基本常识"课程资源开发——人与祖国

教师借助园所环境的创设帮助幼儿体验民族节日：春节、三八妇女节、母亲节、清明节、端午节、教师节、国庆节、重阳节等。

四、协同研究原则

（一）实践中的问题导向。

（二）与园所骨干教师随时保持交流（微信群、电话等），资源共享。

（三）聚焦复合问题（小、中、大班），通过问题解决促进工作改进。

（四）"1+N 式研讨——修改——实施——互评、自评、总结——改进后的设计方案"五环节。

五、协同研究要点

（一）小、中、大三个年龄班如何根据活动总目标分层实施。

（二）核心小组成员每周开展一次交流会，及时总结工作中的问题，为两周一次的大讨论提供充足依据。

（三）区级专家每月下园指导一次课题活动（每月最后一周）；教院隔周一次，及时确定指导专家并取得园所反馈意见。

（四）核心小组及时将每周搜集的核心问题反馈给专家，便于确定两周一次的讨论主题和所邀请的专家。

（五）第一次活动稳步推进中积累行动研究经验，时间可适当延长；实践活动和研究活动同步进行，相辅相成；循环滚动，逐级上升。

（六）对 20 个学员进行过程性评估，建立成长档案资料袋（核心组成员提供指导和帮助）；责任专家建立个人成长档案资料袋。

六、预计成果

（一）乡土文化资料库及活动视频集。

（二）"乡土文化课程"的教师园本培训手册。

（三）编辑整理乡土游戏集，小、中、大乡土活动案例集及学习故事集。

（四）日常教学、课题研究与对外业务竞赛三合一，完成房山区半日评优教学录像等。

（五）录制小、中、大班游戏光盘。

七、团队成员

项目负责人：杨瑞芬

责任专家：杨瑞芬

指导专家：北京教育学院学前教育学院教师团队

区级专家团队：黄丽、刘红霞、陈亚丽

园所项目负责人及其团队：杜淑平、王玉平、果红梅、李春娇、隗洪霞

八、园所背景备忘录

（一）佛子庄乡文化背景

佛子庄乡中心幼儿园，地处京郊西南山区，乡土资源极为丰富，春季山花烂漫，有各种可以食用的野菜；秋季果实累累，盛产核桃、柿子、杏等特产；有银狐洞、真武庙等文化景区；黑龙关龙神庙庙会更是特有的文化资源；佛子庄乡丰厚的自然资源中，形态各异的石头可以用来作为孩子们游戏、艺术创作的材料；黑龙关村天然环保的坝泥，具有橡皮泥、超轻黏土不具有的特质，既环保，又有利于幼儿的健康，成为孩子们喜欢的游戏材料。

（二）佛子庄幼儿园园所建设背景

佛子庄幼儿园建于 2010 年，建园以来，干部教师创造性地开展工作。在建园初期克服经费紧张、玩具不足等困难，干部教师研究制作了积木、滑梯、钻筒等多种室内外玩教具，其中管编钟参加全国教师自制玩具评比赛，荣获二等奖，北京市特等奖。近年来，在发扬优良传统的基础上，园所先后开展了早期阅读、爱思考数学课程、游戏化集体教学等多项内容，取得了一定成绩。近两年，教师们开展乡土课程实践研究，积累了一些优秀活动案例，9 篇案例参加北京市素质教育案例评比，3 篇获一等奖，6 篇获二等奖，为进一步深化乡土课程研究奠定了一定基础。

附录一：
2016年协同研究方案

（三）幼儿家长文化背景

该园的幼儿家长非常注重幼儿身体健康和学业成绩，但对幼儿心理品质、意志品质和情感交流等方面关注较少。家长们按照祖辈的教育方式教育子女。一部分家长为了谋生外出打工，看护幼儿的责任落在了隔辈家长身上，他们对孩子过度溺爱，甚至包办代替，这就易使孩子自私、任性、娇气、缺乏责任心、爱心等不良品质。因此，通过组织家长积极参与园所活动转变家长教育理念，提高家长育儿水平成为园所乡土课程开发的一个重要目标。

九、协同研究活动计划（见表1、表2、表3）

表1 佛子庄乡中心幼儿园"基于幼儿社会性发展的乡土文化课程资源开发与利用"项目活动计划（2016年度）

时间	研修主题	目标	内容	参与教师、人员	研修内容
2016年3月	二月二龙神庙庙会	教师带领幼儿全身心体验庙会的文化气氛	组织幼儿逛龙神庙庙会，记录精彩瞬间	全体教师、家长、幼儿、责任专家	共同参与与相互学习
2016年3月	活动目标的确立	基于活动提出社会性情绪发展的具体目标和课程框架	录像回放和讨论，针对性指导	园长、大中小班教师等	行动后的反思；方案解读
2016年4月	清明节	了解中国传统节日清明节的风俗习惯	和家长一起参与清明扫墓、祭祖活动	大中小班教师	通过观察与记录积累活动主题
2016年4月	挖野菜	了解佛子庄地域盛产的各种野菜，品尝野菜美味	组织幼儿开展"野菜"系列活动	全体教师、幼儿	学习故事
2016年5月	快乐种植	尝试使用农具，体验种植的快乐，在活动中培养坚持做事的良好品质	种植小菜园、管理菜园	大班教师	学习故事
2016年6月	端午节	了解端午节的来历、风俗习惯	组织家长、幼儿开展包粽子活动	大中小班教师	行动研究第二轮
2016年6月	游银狐洞	了解佛子庄乡的风景名胜——银狐洞，萌发爱家乡的情感	参观银狐洞	全体教师、中大班幼儿	学习故事

续表

时间	研修主题	目标	内容	参与教师、人员	研修内容
2016年9月	秋收	培养幼儿的实践能力，体验农民种地的辛苦，体验收获的喜悦	组织幼儿参与秋收活动	全体教师	一学期研修报告
2016年10月	重阳节	爱的教育，培养幼儿从小有爱心，能做力所能及的事给他人带来快乐	组织幼儿到红煤厂敬老院献爱心	中大班教师幼儿	问题改进与学习诊断
2016年12月	欢欢喜喜过大年	引导幼儿初步感知春节的意义，感受节日的快乐氛围，了解中国传统过春节的习俗	开展"欢欢喜喜过大年"的主题活动	中班教师、家长、幼儿	学年总结

表2 协同研究组2016年度具体行动计划

实施环节	主要研修任务	研修指导焦点	研修指导者
3月	活动初体验 方案解读	活动目标的确立 达成共识	杨瑞芬 李丰、杨瑞芬
4月	社会性、情绪、乡土文化核心概念 主题活动观摩与指导、学习故事书写	微讲座 教师与幼儿成长档案	李丰、杨瑞芬
5月	家庭、幼儿园、社会一体 小、中、大班主题活动展示与交流	乡土资源的大视野 班级发展档案建立	李静、杨瑞芬
6月	庙会主题活动梳理与课程理念提炼 参与园所实践活动	初次活动评价 初次活动总结	李丰、杨瑞芬
7—8月	个人学习与网络研修	学习故事修改与评价	杨瑞芬
9月	请进来：相近主题活动分享 走出去：观摩园所乡土课程	主题活动的多样性 乡土课程开发过程	怀柔一幼 大兴采育幼儿园
10月	行动研究第二轮 小、中、大班主题活动开展	学习与反思 研讨	李丰、杨瑞芬 杨瑞芬
11月	学习故事展示 主题活动展示	做中学 做中思	杨瑞芬
12月	两轮行动研究过程反思 学年成果整理与反思	深度探索 深度交流	李丰、杨瑞芬

表3 佛子庄乡中心幼儿园龙神庙庙会活动指导计划表

总目标	小班活动及其目标	中班活动及其目标	大班活动及其目标
备选主题			
整体观察	小班活动观察点	中班活动观察点	大班活动观察点
关键经验	小班活动过程	中班活动过程	大班活动过程
整体反思	小班活动反思	中班活动反思	大班活动反思

十、教师学习的核心内容

微讲座内容示例：幼儿社会性发展总目标是学习与别人友好相处并适应环境的能力，这已经充分体现在当前的学前教育政策法规中，也能基于文化视角找到合理的依据。

1.《幼儿园教育指导纲要》（试行）所规定的幼儿社会性发展目标

- ◆ 能主动地参与各项活动；
- ◆ 乐意与人交往，学习互助、合作和分享，有同情心；
- ◆ 理解并遵守日常生活中基本的社会行为规则；
- ◆ 能努力做好力所能及的事，不怕困难，有初步的责任感；
- ◆ 爱父母长辈、老师和同伴，爱集体。

2.《3—6岁儿童学习与发展指南》规定的幼儿社会性发展目标

人际交往：

- ◆ 愿意与人交往；
- ◆ 能与同伴友好相处；
- ◆ 具有自尊、自信、自主的表现；

◆ 关心、尊重他人；

社会适应：

◆ 喜欢并适应群体生活；

◆ 遵守基本的行为规范；

◆ 具有初步的归属感。

3.核心理念：幼儿发展的中心，真正的基础和起点是心灵与感情。

4.关系维度：关系蕴藏于多样文化中——家庭文化、园所文化、社区、乡土、民族文化等

◆ 幼儿与自身：自信、主动、自觉、坚持、自我意识（自我认识、自我体验和控制）；

◆ 幼儿与他人：乐群、互助、合作、分享、同情；

◆ 幼儿与群体：守规则、爱护公物和环境；

◆ 幼儿与自然：热爱自然、热爱生命。

附录二：

2016年房山佛子庄幼儿园协同创新项目总结

杜淑平

北京教育学院与各区教师研修机构合作，转变服务方式，将培训课堂建到学园，开展市区园三级联动的"协同创新学校计划"。房山区积极配合北京教育学院开展培训工作，精心组织并落实19个协同创新培训项目，为一线教师的专业成长发展搭建平台。佛子庄中心园抢抓机遇，成为北京教育学院"协同创新"项目学校，确立了"基于幼儿社会性发展的乡土文化课程资源开发与利用"研究项目，在专家团队指导下开展学习、培训、研究活动。培训开展一年来，协同创新项目围绕幼儿园要解决的实际问题开展研究和培训，以科学理论和多样方式促进了我园教师的专业发展，促进了幼儿园办园质量的提高，取得了阶段性成果。

一、项目基本情况

（一）项目名称

"基于幼儿社会性发展的乡土文化课程资源开发与利用"

（二）项目启动

2015年12月24日，北京教育学院、房山区教委、项目园园长齐聚一堂，创新项目与园所对接，座谈会让专家了解了园所情况及对项目的初步设想，协同创新项目正式拉开序幕。

（三）三级协同确立研究方案

二、项目实施情况

经过幼儿园自主申报、区教研室和进修学校指导、教育学院专家团队深入园所实际考察调研，确立了本园研究项目、内容及研究方案。在李丰主任、杨瑞芬老师指导下，在区教委、教研部门、师训处等各级领导、专家帮助下，项目研究方案有序、有效、协同落实。

2016年3月项目启动以来，三级协同组织精心设计、落实计划。房山区成立区级协同创新项目管理组，由房山区教委副主任武玉章任领导小组组长，房山区教师进修学校副校长杨志华为工作小组组长，加强对培训工作的协调管理。印制了《房山区协同创新培训手册》，要求项目组成员统一使用，规范管理。

每个项目安排了区、园两级管理员进行管理，并细化职责分工。园级管理员负责基地园培训的协调、组织和保障工作，区级管理员由教研员担任，负责培训的整体协调组织、学员考勤和学业管理，以及每次活动的总结反馈和简报制作。培训前，区、园两级管理员和培训专家做好沟通，通过温馨提示及时通知学员培训时间、培训内容及注意事项。培训中，管理员严格考勤，组织互动；我园20名学员认真听讲，热烈讨论，积极发言。培训后，管理员收集材料，整理档案，制作简报；学员完成作业后，杨瑞芬老师一一批阅，与学员们面对面点名，同时在微信群组交流。一年来，项目得到教育学院8位专家的入园指导。优秀的团队，精细的过程管理，保证了培训项目的有效开展，取得了阶段性成果。

三、基本收获

（一）教师的成长与收获

通过一年的理论学习和实践体验，幼儿园一线教师在实践中解放思想、转变理念、改进方法，观察能力、设计主题活动能力、总结与反思能力不断提升，取得一定的奖项和荣誉。

果红梅老师撰写的《做柿脯》和李春娇老师撰写的《泥土好可爱》均荣获北京市一等奖，刊登在《北京市"十二五"时期幼儿教师培训优秀成果课例汇编》一书中。

杜淑平园长撰写的论文《让教育回归自然，让课程饱含乡情》获得北京市第五届"智慧教师"教育教学研究成果二等奖；同时荣获由教育部中国人生科学学会教师发展专业委员会举办的"中国梦"全国优秀教育教学论文评选大赛二等奖。

保教主任王玉平撰写的论文《挖掘乡土资源，构建乡土自然课程》获北京市第五届"智慧教师"教育教学研究成果二等奖；论文《乡土社会实践活动是"活的教育课程"》《观摩农民种地实践活动中幼儿社会性发展的思考》均获得北京市第五届"智慧教师"教育教学研究成果三等奖；《基于幼儿社会性发展的乡土社会实践活动研究》在2016年中国教育学会优秀论文评选中荣获优秀奖。

田桂竹老师撰写的论文《小小手玩泥巴》获得北京市第五届"智慧教师"教育教学研究成果三等奖。

李春娇老师参加2016年中国教育研究会论文评选活动，撰写的《泥塑课程活动中教师角色的探究》一文荣获国家级二等奖。

这些成果的取得得益于平日里认真完成每一个学习故事、观察记录、阶段性总结以及杨瑞芬博士的及时反馈与点评。

（二）幼儿的成长

幼儿社会性发展水平显著提升。在社会实践活动中，幼儿走进田野中，表现出阳光、自信、坚强勇敢、敢于挑战新鲜事物、乐于与人交往、同伴之间团结友爱、合作互助、有爱心等可贵品质。与此同时，他们了解了家乡四季的变化,感受到了劳动的快乐和收获的喜悦,初步萌发了爱家乡的情感。

(三)家长的变化与收获

家长的教育观念在不断转变,从只注重知识转变为关注幼儿生活自理能力、习惯养成、品德及情绪情感的健康发展。家长开始尊重孩子想法,倾听孩子心声,支持孩子做自己喜欢的事等等。

(四)幼儿园的收获

成果一:2016年6月12—13日,园长、主任参加第四届全国乡土教材研讨会,园长作为学前教育领域的唯一代表发言,发言主题为《让教育回归自然,让课程饱含乡情》。幼儿园的《乡土主题活动案例》以及《神龙福地,天梦之乡》乡土文化资源汇编在交流现场得以展示,赢得好评。

成果二:初步建立乡土课程框架。

乡土课程理念:扎根乡土 回归自然 快乐成长

乡土课程目标:传承乡土文化,培育有根的一代新人

乡土课程不仅是对本土自然资源、文化资源的一种延续,更是一种民族精神的传承,是培养幼儿知家乡、爱家乡、建家乡的情感、态度、价值观的重要途径。乡土教育是"根"的教育,让孩子们知道"我是谁,我在哪儿,我从哪里来;了解乡音、乡愁,让乡情深深扎根在心底。"

乡土课程内容:课程总称《山水佛家人》,包括《小农民的四季生活》《家乡美食》《我是非遗小达人》《快乐泥娃娃》《山娃旅行记》等五个板块。

乡土课程实施途径:主题活动、区域、环境、一日生活中渗透。

乡土课程评价方式:多元化的评价体系。评价主体多元化,评价方式多元化,考核内容多元化,成绩构成多元化的评价体系。

成果三:乡土文化得到有效传承。

佛子庄乡北京市级非遗项目——大鼓会成为幼儿园乡土课程,由传承人亲自给孩子们授课,孩子们在活动中表现出浓厚的兴趣,既掌握了基本技

法,又提升了表现力。2016 年 7 月 23 日孩子们表演的大鼓在房山电视台文化纪实栏目连续播出,得到同行及社会各界人士赞誉。

成果四:教师撰写的 3 篇主题案例荣获北京市一等奖,6 篇荣获北京市二等奖。

成果五:2016 年 7 月,我园《基于幼儿社会性发展的乡土社会实践活动研究》《户外体育游戏促进幼儿社会性发展的研究与实践》《陶艺课程促进幼儿良好学习品质及情绪情感形成的研究》《基于传统节日教育对幼儿社会性发展的研究》四项课题在北京市教育学会立项。

四、亮点和特色

(一)突出"协同发展、整体推进"目标

项目启动以来,形成一个立体、高效、互动的协同网。

三级协同网:市、区、园(北京教育学院→房山区教委、房山区教师进修学校→佛子庄乡中心幼儿园)。

区内协同网:形成区、园、园(房山区教委、房山区教师进修学校→佛子庄乡中心幼儿园→协同发展姊妹园)和佛子庄乡中心幼儿园→协作园(葫芦垡、阎村、南窖、岳各庄、坨里 5 所中心幼儿园)互动学习的协同网。

协同园所网:房山区 3 所协同创新项目园之间互动交流,佛子庄中心园与北京市明天幼稚集团第七幼儿园互动发展,了解该园生态课程理念,借鉴优秀工作经验。

(二)专家指导与区域文化、园所需求紧密结合

"协同创新学校计划"按需施训、以人为本,通过"学、做、用、评"的行动研究引领骨干教师成长;在面对面交流中专家对青年教师进行分层指导;一年来,协同创新项目围绕幼儿园地域内乡土资源开发与利用,开展了有利于师生发展的课程实践与研究,提升了教师专业水平,促进了幼儿全面

发展。以强大的师资团队、科学理论、多样的方式促进了园所教师的专业发展和教学质量的提高。

（三）以人为本，饱含乡情

在项目实施过程中，专家指导与园所需求紧密结合，以人为本，分层、按需施训。通过"学、做、用、评"的行动研究引领骨干教师成长；在面对面交流中，专家对青年教师进行分层指导，提升了教师专业水平。一年来，项目围绕幼儿园地域内乡土资源的开发与利用，指导教师开展了多种乡土课程实践与研究，课程饱含浓浓的乡土气息，展现了幼儿的童真童趣，所有课程内容来源于幼儿的生活和行为之中，幼儿五大领域发展水平整体提高，特别在人际交往能力、责任心、爱心、勇于战胜困难等意志品质及爱父母、尊老敬老、珍惜粮食等情绪情感方面显著增强。

（四）整合推进，常态研究

幼儿园紧紧抓住"协同创新"项目，落实"三个聚焦"战略，即全园工作向"协同创新"项目聚焦、向教师聚焦、向幼儿聚焦。将项目研究工作常态化，减轻教师工作量，凝心聚力搞实践研究。

五、乡土课程分享

（一）利用自然资源开展乡土课程分享

1. 土地资源利用——"小农民的四季生活"之快乐种植

春种、夏长、秋收、冬藏。

2. 幼儿泥塑、陶艺课程展示

（二）利用家乡生活习俗、文化资源课程

《好吃的野菜》活动，非遗项目传承《大鼓会》，"二月二龙神庙庙会"等活动课程。

（三）社会资源利用——爱老敬老主题活动。

2016年10月9日重阳节,幼儿园组织开展"敬老、爱老、孝老,我们在行动"主题活动。大班幼儿走进佛子庄乡养老中心,孩子们亲手为爷爷奶奶剥水果,表演节目,幼儿和老人们共同度过了一个有意义的节日。

六、问题、希望和建议

(一)操作性指导

专家理论层次较高,如何将理论与教师实际专业水平对接,让理论转变成教师可操作的教育行为?

(二)成果转化的指导

如何将实践活动转化成可以推广的、有借鉴意义的成果,需要专家的指导。

如,面对上述和大家分享的丰富多彩的乡土活动,如何有效整合成幼儿园的园本课程,例如主题活动、区域活动、实践课程等,需要专家们进一步给予操作层面的指导。在今后的工作中,我们会更加紧密地围绕项目开展实践研究,在专家的指导下,干部教师的专业水平争取有更大的提升。

附录三：

2017年协同研究方案

杨瑞芬

一、协同研究背景与需求分析

（一）政策依据

《幼儿园教育指导纲要》指出：幼儿园社会教育旨在培养幼儿良好的社会性和自我概念。它通过幼儿园的各种活动和一日生活各环节使幼儿初步了解社会，掌握社会行为规范和行为技能，发展起对自己和他人的积极态度，以帮助幼儿适应社会生活。幼儿社会性发展水平往往决定着他们将来能否积极地适应各种社会环境，它对幼儿的一生发展都有重要影响。

《3—6岁儿童学习与发展指南》（以下简称《指南》）指出：良好的社会性发展对幼儿身心健康和其他各方面的发展都具有重要影响。幼儿的社会性发展主要是在日常生活和游戏中通过观察和模仿潜移默化地发展起来的。幼儿园应多为幼儿提供需要大家齐心协力才能完成的活动，让幼儿在具体活动中体会合作的重要性，学会分工合作。幼儿园应结合生活实际，帮助幼儿了解基本行为规则，体会规则的重要性，学习自觉遵守规则。

《指南》中提出：运用幼儿喜闻乐见和能够理解的方式激发幼儿爱家乡、爱祖国的情感。

（二）已有基础

2016年通过"龙神庙"和"乡土环境创设"两个行动研究单元初步确定了以下内容：

1. 乡土课程理念：扎根乡土 回归自然 快乐成长

2. 乡土课程目标：传承乡土文化，培育有根的一代新人

3. 四大系列中乡土主题活动的设计与初步实施

（1）"小农民的四季生活"课程资源开发——人与自然（春种、夏长、秋收、冬藏）；

（2）"家乡的风俗"课程资源开发——人与人（庙会活动）；

（3）"乡民的休闲"课程资源开发——人与自我（认识我们的身体与表情）；

（4）"小公民的基本常识"课程资源开发——人与祖国（传统文化节日）。

4. 乡土课程实施的多种途径

乡土主题活动设计、乡土区域游戏、乡土环境创设。

（三）园所需求

园所希望项目"对已收集好的乡土资源进行深入的分类整理；对已积累的乡土主题案例进行诊断与评估，服务于新一年度的二次推进，进而形成幼儿园大、中、小各年龄段的系列乡土主题活动案例"；深入挖掘出一条切实可行的利用乡土资源建设幼儿园课程的完整路径；帮助园所创设具有乡土气息的园所环境，使幼儿在潜移默化和自在的活动中获得愉悦情感和社会性品质的提升；继续转变山区家长重知识传授、轻习惯养成和情感表达等教育观念。

二、协同研究主题

随着2016年"基于幼儿社会性发展的乡土文化课程资源开发与利用"的进展工作，2017年的主题加以微调，即"基于佛子庄资源开发的幼儿园乡土课程文化建设"。

三、协同研究目标

（一）总目标

四季乡土课程（五大领域主题活动和区域活动）的梳理和完善。

（二）具体目标

1. 园所教师的发展目标

在第一年"乡土文化""课程""社会性"核心概念的引领及行动研究方式确立的基础上，进一步帮助教师在具体活动中形成持续观察和深入反思的意识，更精准地掌握系统设计中画脑图、归类与整理、色彩运用、造型设计等具体方法。

2. 幼儿社会性品质持续提升

幼儿社会性品质的提升需五大领域的协同作用。持续 2016 年行动研究第二单元——班级环境创设，2017 年两学期分别深入艺术和科学领域活动探索幼儿沟通、合作等社会性品质提升的策略。

3. 园所项目管理理念与方法的提升。

四、协同研究主要成员

以杜淑平、王玉平、果红梅、李春娇、隗洪霞为核心团队的幼儿园 20 名教师；三教寺幼儿园部分教师，杨瑞芬。

五、协同研究内容

（一）模块

模块一：艺术领域——造型设计与手工制作

模块二：科学领域——师幼合作探究

模块三：幼儿学习方式的探究

模块四：项目领导力提升。

（二）专题

模块一专题：幼儿园乡土材料的造型设计、基于乡土材料的手工制作，如绘本。

模块二专题：乡土科学活动内容的选择与设计、科学活动中的师幼合作模式探究。

模块三专题：艺术与科学领域的思维特点、幼儿在艺术与科学领域的学习方式探究。

模块四专题：保教主任项目引领力的提升、主班教师自我引领与班级管理力的提升。

（三）结构说明

模块一、模块二与模块三互为基础，前三个模块共同构成模块四的反思基础。四大模块的安排既是2016年行动研究单元的延续，又是2018年课程建设与完善的基础；同时服务于学院两项科研课题。四大模块构成四个行动研究单元，继续巩固教师前期掌握的行动研究思路与方式。

基于幼儿园的需求，四大模块可适当调整。

六、协同研究主要环节方法

"1+N式研讨——修改——实施——互评、自评、总结——改进后的设计方案"五环节，即：学、做、用、评、改。

七、协同研究新成员

幼儿园园长和教师占比30%（张瑞芳——游戏、语言、艺术教育专长，吴彩虹——科学领域专长、管理领域专长等海淀教研员和园长）；北京教育学院教师占比60%（学前教育学院艺术系和体艺系相关领域教师）；校外专家聘请占比10%（黄丽——区级实践指导专家，三年持续性引领与帮助；房山区相关领域专家）。

八、预期成果

幼儿园：小、中、大幼儿学习故事及乡土艺术与科学活动案例。

项目负责人:《民间口头文本：幼儿园课程的有机组成》《幼儿教师知识观的形成机制》《幼儿乡土经验的形成机制》或《幼儿园乡土课程文化：概念、特征、价值》。

九、协同研究评价方式

（一）过程评价

1.项目组以质性评定方法为主（通过各阶段作业对比、活动方案对比）

2.教师自我评定

3.园所教师互评

（二）成果评价

以园所名义邀请第三方机构或相同领域专家组点评。

2016年12月20日

附录四：

2017年协同研究报告

杨瑞芬

一、基本概况

随着2016年"基于幼儿社会性发展的乡土文化课程资源开发与利用"的项目进展及对佛子庄中心园的园所师资情况的进一步了解，2017年的主题调整为"基于佛子庄资源开发的幼儿园乡土课程文化建设"。这样的调整一方面可以对项目工作进行聚焦——乡土课程，另一方面有利于采用自上而下的方式推动园所文化的建设，进而为乡土课程的建设提供更优质的管理和更和谐的物质、人文环境。乡土课程的建设一方面取决于具体内容的设计和引领，更重要的是园所的课程管理理念与园所文化氛围。在项目推进中，佛子庄园和三教寺园进行了深度的合作与交流。两所园之间从课程的设计、教师团队的引领方式、学习共同体的建立乃至园所文化的建设方面进行了不同层面的互动与学习，从更系统的角度推进园所的发展。这一年依然以行动研究中研究单元的方式推进——科学活动和艺术活动，同时增加了不同项目之间的联动和园所之间的对接。（2018年将确定为协同研究总结年，总结分为三种方式：一是反复研磨课例成果；二是书面课程体系的完善；三是园所交流中推广成果。）

二、协同研究培训的效果

该项目从建立之日开始是以行动研究的方式来推进的，即园所教师和项目负责人及团队形成研究共同体，通过研究来审视和推动实践工作。项目的

幼儿园乡土课程文化建设协同研究

效果一方面需要从教师的实践工作——对乡土资源的利用及课程开发方面进行评定,另一方面需要从教师推动实践工作的方式及项目开展中对有效路径的探寻方面评定。

从内容来看,园所新任园长和其余管理干部继续深入园所周围的百姓家里实地感受乡情,继续访问当地知识分子、民间艺人等来积累一手的乡土资料。这是一项永无止境的工作。而园所教师更自主地推进春、夏、秋、冬四季主题活动课程和陶艺课程的完善与修订工作。例如,田桂竹老师是一位喜欢并擅长美术的老教师,她在该项目中认真且系统地学习研究方法,在陶艺室指导幼儿的过程中发现问题并及时请教项目组专家,问题获得多角度的理解后又自觉将其凝练为研究问题并主动申报和承担陶艺课题负责人,而项目负责人为她配备了个性化的指导教师——张瀚川老师。她工作的独立性、整体性、系统性及不耻下问的精神使得她取得优异的成果——《陶出智慧、玩出精彩、张扬个性、艺享童年——幼儿园陶艺活动之我见》获北京市第八届"京研杯"教育教学研究成果二等奖;更为重要的是她向项目组和园所领导主动提出增加陶艺课的时间,这样的建议对乡土课程的开设极具建设性,乡土内容应该有机地镶嵌在园所的各个角落,并与其余课程有机整合。这样,陶艺室的作品进入了建构区、美工区,而建构区和美工区的作品也能通过泥塑的形式表现出来,丰富了幼儿的泥塑造型;同时,不同班级也尝试开设泥工区,在日常课程中分年龄段培养小泥匠。

从形式来看,园所教师更自觉和主动地从研究的视角来推动实践工作。园所的研究过程常以1+N式的研讨和课例教研的方式来开展,而项目组给这样的研究提供了线索、文献、国内外更广阔的视野等方面的支持,这使得幼儿教师的研究更深入和全面。从这个角度讲,在今年项目的推进中,学术逻辑和行动逻辑在不断磨合中得以有机整合。这样的磨合取决于负责人和园长各自明了自己的优势并在坚持中不断碰撞出更有效的引领思路，同时也与团队成员在不同的课题中持续学习和研究密切相关。在今年的工作中，园所的四位核心成员各自申请成功一个课题，并且获得项目组提供的四位个性化的指导教师；而在项目组专家成员里，杨秀治教授有《优秀园长的成长机制研究》课题，陈晓芳副教授有《科学与艺术融合的幼儿学习活动创新研究》课题，项目负责人有《人类学视野下幼儿园乡土课程文化建设研究》课题，这些研究课题一方面推动着幼儿园的实践工作，另一方面为实践工作提供了方向和强大的支持性力量，使其有章可循、有据可依。如幼儿园乡土课程建设的过程本身是教师团队合作文化形成的过程，课例研讨本身也是园所教研文化和科研文化形成的过程，这是园所课程文化和园所文化形成的基础，而这个过程需要通过与课程文化相关的科学研究来推动；借助优秀园长成长机制的研究成果，园长在引领课程建设过程中获得了更自主的成长，进而更有力地领导课程；在科艺融合的学习案例学习中，教师在科学活动和艺术活动的设计与实施中也更加了解了幼儿的心理过程，这不仅弥补了园所五大领域力量的不均衡，更完善了以幼儿心理需求为依据的课程设计思路。在这里，项目组的研究成为园所前进的必备力量，实践工作者和学术研究者各取所长而相得益彰。这证明了大学的学术研究是可以更有效地推动园所实践工作的，而其必要前提是双方在相互了解中寻找到最佳的合作点和园里教师能够选择适合自己的研究方法，而现象学的研究范式和人类学的田野研究在这里有很大的天地。

在这样的推进思路中受益的一定是双方；更重要的是这为山区园所或农村园所与大学研究者的合作提供了方法。园所教师积极地在更大范围内将之推广：一方面是在每次活动开展过程中邀请相邻园所领导和教师参加，不断辐射优质资源；另一方面是通过书面成果传播到整个房山区乃至更大的范围。如杜淑平园长撰写论文《协同创新带队伍，研发课程抓质量》，该文荣

幼儿园乡土课程文化建设协同研究

获由教育部中国人生科学学会教师发展专业委员会举办的"'中国梦'全国优秀教育教学论文评选大赛"一等奖；保教主任王玉平撰写论文《传承乡俗文化 教研实践促发展》，该文获北京市第八届"京研杯"教育教学研究成果二等奖，撰写论文《基于幼儿社会性发展的乡土社会实践活动研究》，该文获北京市第八届"京研杯"教育教学研究成果一等奖；李春娇老师撰写论文《浅谈幼儿教师利用乡土资源开展艺术活动的策略》，该文获北京市第八届"京研杯"教育教学研究成果二等奖。

2018年在三种总结方式中均取得初步的成果，三项成果相辅相成。一是送课例精品课到房山山区其余园所，如房山河北中心幼儿园等；二是与大兴十二幼的深度交流中提炼并丰富了项目科研成果；三是为下一学期的研究报告的最终完成奠定了坚实基础。

三、协同研究过程

在借鉴2016年项目推进方式的基础上增加了四大模块——科学活动设计、艺术活动设计、幼儿学习方式、园所管理理念与战略，模块之间可以依据不同阶段的需要进行重新组合，而在每次活动中进行不同内容之间的组合。如与三教寺各级领导的对接，有助于园所管理品质的提升；与杨秀治教授主持的培训者培训项目的联动，有助于园长之间的相互学习；与陈晓芳教授课题组不同园所、不同身份的成员的互动，有助于教师在更广阔的空间内理解乡土文化和自身优势所在。这些成为这一年度该项目的创新点。这一创新吻合实践工作整体性的特点。教育实践是一个复杂的整体，面临着不断变动的情境，为此，项目开展要根据情境的变化而调整支持策略，从而从整体上推进双方的合作。

序号	时间	课程内容	活动形式	师资力量
1	2017年3月27日—3月29日	园所文化建设和教师学习共同体建设思路研讨、《快乐游戏——和孩子一起"玩"科学》	研讨、现场指导、文本指导、讲座（与内容对应）	王岚、陈琳、齐彤、杨瑞芬
2	2017年4月27日—5月	《科学与艺术融合的幼儿学习活动创新研究》	研讨、讲座	北京第一幼儿园等园所科研教师、虞永平教授等
3	2017年5月25日	协同创新带队伍 研发课程抓质量	讲座、研讨、现场指导	邹平、王岚等园长、杨秀治教授、杨瑞芬
4	2017年9月21日	项目回顾和经验总结 小学校长访谈	研讨 田野工作	项目核心组成员
5	2017年10月16日	《指南》引领下的园本课程实践	现场学习	丰台一幼 赵秀敏
6	2017年10月17日	信息技术与音乐领域课程融合	现场学习	丰台一幼
7	2017年11月14日	音乐活动观摩 幼儿歌唱活动设计	现场学习、讲座	郝香才教授、杨瑞芬
8	2017年11月24日	乡土活动整理与分析 课题指导、园所理念系统	研讨与一对一指导、微讲座	孙美红、杨瑞芬
9	2017年12月	《天梦之乡与园所课程》框架研讨与资料收集	研讨与网络沟通	项目组核心成员

四、协同研究管理团队

协同研究分两个团队，一个团队是北京教育学院的项目负责人和教学办朱丽芳、刘雪老师，行政办的葛晓佳老师；另一个团队是佛子庄中心园的邹龙梅园长（2017年9月上任的新任园长）、王玉平主任。随着园所四项子课题的建立，园所成立课题管理组，其核心成员是四位课题负责人和北京教育学院的四位指导教师。新任园长的到来，从园所管理和教育理念的引领上发生了变化,而这种变化与项目组所追求的理念和管理战略是一致的,这必然带来教师发展模式的转变——管理服务于每个人的个性化的、积极主动的成长,管理是为大家在一起的合作搭建更好的平台,这也将为园所优秀教师的脱颖而出提供更大的平台。正如园长所说:"让教育回归自然的前提就是我们自身做一个自然的人","教师不需要管,需要自然成长,我们要尊重自然的生命成长,在她们需要的时候提供条件。这就需要大家放松下来一起调整;教师要伴随孩子的成长,业务管理者伴随老师的成长——给老师们提供一个方向、理念,让他们的思考落地"。教师在这样的管理氛围下,将更有能力站在幼儿的角度思考问题,服务于幼儿的成长。

五、协同研究分析与反思

(一)特色与亮点

一个项目的特色与项目的内容、开展形式有紧密的关系。该项目从内容上与园所追求的课程建设是完全吻合的,能够以课程为起点为园所提供持续而深入的引领。在引领过程中,使幼儿教育内容与区域文化或者说乡土文化之间进行良好的互动。而邬园长在多年的业务成长中对乡土文化与现代文化的关系在实践中进行了思考,并且曾经探索过实践形式。这将为我们持续前进提供思想和经验上的保障。邬园长在曾经工作的幼儿园与专家、班级教师通过共同协商、调整的方式整理出版了《绿色课程》一书,这也为我们乡土课程的整理奠定了前期经验。她把握了实践活动整理与安排书写工作的节奏。

从形式来看,这一年的协同研究获得了三教寺幼儿园的全方位支持。我在幼儿园的学习和田野研究,使两所园之间的沟通更加深入而持久。在三教寺幼儿园作为园长助理,通过对园长工作全方位地了解和跟踪学习,明白了园长的理念、管理能力与个人为人处世的风格如何交织在一起而共同引领园所和教师的发展；同时也深入班级了解优秀班长的带班经验和管理策略。这一年，一边学习，一边在实践中来检验所学并更好地推进学习进程，二者相辅相成。更为重要的是，利用学习的机会以园所和宣南博物馆、陶然亭公园等为田野点开展了田野研究，与原先在佛子庄收集的田野资料相比对，有利于在更广阔的文化背景下理解城乡教育的差异，进而明白教育者工作的界限。教育不是万能的，教育需要在明确一定的社会文化背景的情况下来机智地开展，这样才能以适宜的引领获得有效的成果。

同时，三教寺园从2009年就以三教寺的历史遗址"三教寺"——儒释道来定位自身追求的核心价值观——"和而不同，合作共赢"。八年来，园所以这样的理念来不断推进园级主题课程，增强教师自主研发课程的能力，这样一种自上而下的方式为佛子庄园自下而上建设课程的方式进行了有益的补充。协同项目组在该园工作的时间是有限的，只有帮助园所基于自己的历史来提炼核心价值，进而追求对教师有效的引领，才能促进园所根本而长远的发展。基于此，在年末便与邬园长共同讨论园所的理念系统，一方面服务于实践，一方面服务于今后的整理工作。

（二）成功的经验

总体而言，协同研究是在不断推进之中。"在这里——去那里——再回这里"是成功的法宝。第一年这个法宝可理解为空间上的不断变化，即从佛子庄园到教育学院的时空变化中不断学习、不断积累经验，进而把时空扩大到相邻园所之间及园、区、市的互动中。第二年则将之理解为思路上的不断调适。实践思路和研究思路是不同的，但却是相通而又相互支持的。实践思路是园所工作的思路，对于这样一条思路首先需要尊重、理解，这便是田野工作的核心，接纳园所教师的思想和观点；而接纳后要进行反复推敲，回到书斋中寻求文献和理论的支持，进而通过对实践素材进行深入分析而寻求解决问题的对策，这里的思路是学术研究的思路；再回到田野中时，研究的成果要用实践来检验，如若正确可以长期沿用，如果错误则要寻求更丰富的资料来加以论证。正是在教育现场，教育理论和实践走向了统一；也正是在现场，教师的实践知识得以被不断挖掘，进而成为个人适用理论，这也是学术研究的价值所在。

除此之外，协同研究的成功得益于两位园长不同管理风格中各自的优势，得益于园所领导和区级领导的密切配合。房山区从区级层面对园长的调配，不仅没有影响项目的开展，更使两位园长找到自己更大舞台的同时，佛子庄园迎来了更专业的引领。同时，也离不开教育学院各位专家的支持，尽管每位教师都有繁重的工作，但每次都不辞劳苦，天未亮就出发，在相对艰苦的环境中兢兢业业地服务于园所发展。总之，成功得益于协同研究中每一位参与者的努力与付出。

（三）问题的反思

在第一年的协同研究总结中曾经提出这样的问题："对广大的农村幼儿园来讲，从师资到园所硬件设施，从园内现状到园外支持力量都与我们的标准有一定距离，并面临一些矛盾，如何在现实的诸多矛盾交织在一起时倡导良好幼儿文化、教师沟通文化及园所共育文化的建立，如何基于现实理解园长个性及管理风格，如何既能全身心投入到实践指导中又能审慎思考并及时而又高效地整理书面成果？"第二年，对这三个问题并没有停止思考，因而有了更深层的理解。对于第一个问题，需要从农村百姓的日常生活中去做个案研究，去挖掘民间的教育优势。尽管农民为生活所迫而外出谋生计，但他们同样重视子女的教育，隔代抚养是多数农村幼儿面临的问题，在现实的这种处境下，如何从社会的角度为隔代抚养提供更大的支持，如何从家园共育的角度对隔代抚养进行有效引导，这是整个社会面临的重要问题，在这方面需要有大量的研究来推动。而关于教师沟通文化的建立，需要从科层体制和学校中隐性的"技术"——检查、书写、空间的布置与时间的固定链条来审视。对于第二个问题，园所园长的调配已使得问题部分解决，这也说明园长个人的管理风格受生活经验的强大约束，而管理者的智慧就在于有能力审视自己的成长经验并基于工作场所的需要而调整自己的管理策略，这也是管理智慧的表现。这对我们教育者有一个很好的提示：教育只有在有效的管理下或领导下才能最大程度地发挥其价值，没有无管理的教育，也没有无教育的管理，二者同等重要。为此，教育者需要有大的管理格局。第三个问题，不单纯是时间和精力的问题，更是工作目标和方式的问题，"全身心投入到实践指导中又能审慎思考并及时而又高效地整理书面成果"，二者需要的是不同的品质，前者需要热情、机智、抓大舍小，后者需要冷静、严谨、一丝不苟，工作需要不断地调整情绪、知识结构、处事方式，从而使工作更有意义，使生活更有价值。真正的教育者追求的是完满的生活，唯此，我们才能为幼儿、为幼儿教师提供完满的教育，教育从其源头而言，本就是我们广阔的生活。

  2017年也遇到过新的问题，如科学活动和艺术活动设计能力的持续改进，如园所项目开展中工学矛盾问题，新旧管理方式中教师的调适问题等，这些问题之间是相互联系的。实践总是复杂的，而我们能做的就是尽己所能，把我们的工作视为我们完整生活中的一部分，去拥抱整个的生活。正如何其芳所言："生活是多么广阔，生活是海洋。凡是有生活的地方就有快乐和宝藏。"（2018年的问题在于如何提升项目总结深度与高度。解决这个问题的第一环节是推进相同主题园所间的交流。）

附录五：

2018年协同研究方案

杨瑞芬

一、协同研究进展情况

（一）2016年进展情况

2016年通过"龙神庙"和"乡土环境创设"两个行动研究单元初步确定了以下内容。

1. 乡土课程理念：扎根乡土 回归自然 快乐成长

2. 乡土课程目标：传承乡土文化，培育有根的一代新人

3. 四大系列中乡土主题活动的设计与初步实施

（1）"小农民的四季生活"课程资源开发——人与自然（春种、夏长、秋收、冬藏）；

（2）"家乡的风俗"课程资源开发——人与人（庙会活动）；

（3）"乡民的休闲"课程资源开发——人与自我（认识我们的身体与表情）；

（4）"小公民的基本常识"课程资源开发——人与祖国（传统文化节日）。

4. 乡土课程实施的多种途径

乡土主题活动设计、乡土区域游戏、乡土环境创设。

（二）2017年进展情况

随着2016年"基于幼儿社会性发展的乡土文化课程资源开发与利用"的项目进展及对佛子庄中心园的园所师资情况的进一步了解，2017年的主题

调整为"基于佛子庄资源开发的幼儿园乡土课程文化建设"。围绕这一主题重点开展了四个模块、八个专题的研究，幼儿园科学与艺术领域活动设计能力有一定的提升。同时，由于园长调换，园所管理方式处于转换过程中。

（三）园所进一步需求

园所希望项目对已积累的乡土主题案例进行诊断与评估，服务于项目成果的梳理；形成系列的幼儿园大、中、小各年龄段的乡土主题活动案例；完善乡土课程并用书面成果进行展示。

二、协同研究主题

随着2016年《基于幼儿社会性发展的乡土文化课程资源开发与利用》的进展工作，2017年的主题调整为乡土课程文化建设，2018年继续课程文化建设的同时，推进园所理念系统的建立，以此来引领课程的建设，即《基于课程文化建设的园所理念系统探讨》。

三、协同行动研究目标

（一）总目标

乡土课程文化体系的建立。

（二）具体目标

1.园所教师的发展目标

第一年是"乡土文化""课程""社会性"核心概念的学习及行动研究方式的熟悉；第二年是教师在具体活动中形成持续观察和深入反思意识，更精准地掌握系统设计中画脑图、归类与整理、色彩运用、造型设计等具体方法；第三年是在建设班级理念系统的基础上研究园所理念系统。

2.幼儿社会性品质持续提升

幼儿社会性品质的提升需五大领域的协同作用。持续2016年行动研究第二单元——班级环境创设，2017年两学期分别深入艺术和科学领域活动探索幼儿沟通、合作等社会性品质提升策略，2018年从课程的各项活动中考察幼儿社会性品质的发展状况。

3.园所项目管理理念与方法的梳理与总结。

四、协同研究团队主要成员

以邬龙梅、王玉平、果红梅、李春娇、隗洪霞为园所核心团队，负责课程资料的定期整理及工作的具体推进。

黄丽——区级实践指导专家，三年持续性引领与帮助，与项目责任专家协作完成行动研究的整体实施状况；三教寺幼儿园部分老师负责具体指导工作。

五、协同研究内容

在行动研究中幼儿园急需跟进的内容。

（一）模块

模块一：理念系统

模块二：园所乡土课程的展示形式

模块三：课例研究

模块四：研究方法的再理解

（二）专题

模块一专题：教师观念的转变（借助不同职业群体的力量，宋老师和孟老师）

模块二专题：陶艺课程——大兴十二幼和三教寺园的持续互动

模块三专题：龙神庙的系列活动——与三教寺园的深度交流

模块四专题：研究方法与研究成果的研讨会——项目负责人

（三）结构说明

模块一与模块二、模块三互为基础，前三个模块共同构成模块四的反思基础。四个模块专题的安排既是2016年行动研究单元的延续，又是2017年课程文化建设工作的进一步推进；同时服务于学院两项科研课题。四大模块也可以构成四个行动研究单元，继续巩固教师前期掌握的行动研究思路与方式。

基于幼儿园的需求，四大模块可适当调整。

六、协同研究主要环节

"1+N式研讨——修改——实施——互评、自评、总结——改进后的设计方案"五环节，即：学、做、用、评、改。

七、预期成果

幼儿园：《小农民的四季生活》

项目负责人：《幼儿园乡土课程文化建设理论与实践》

八、协同研究评价方式（过程评价与成果评价）

（一）过程评价

1. 项目组以质性评定方法为主（通过各阶段作业对比、活动方案对比）
2. 教师自我评定
3. 园所教师互评

（二）成果评价

以园所名义邀请第三方机构或相同领域专家组点评，以三教寺老师为主。

附录六：

2016—2018年协同研究主要活动

项目负责人　杨瑞芬

幼儿园负责人　邬龙梅

序号	时间	内　容	活动形式	主讲人	参加人数	成　果
1	2016年1月8日	专家入园调研指导	调研	李丰 杨瑞芬	15	通过专家与核心组成员面对面的交流，不断调整佛子庄幼儿园协同创新工作方案，在达成一致后，确定了研究主题"基于幼儿社会性发展的乡土文化课程资源开发与利用"
2	2016年2月26日	"龙神庙史话"培训	培训	姜玉央	20	了解了佛子庄乡龙神庙的传说
3	2016年3月10日	家园共育活动——黑龙关龙神庙庙会亲子游	亲子游	杨瑞芬	172	大中小班根据幼儿的年龄特点，采取侧重点不同的观摩活动，在家长的组织、指导、讲解下，幼儿对黑龙关庙会有了直观的感知，在看一看、摸一摸、听一听、敲一敲的形式下，充分感受了庙会的节日氛围，对家乡特有的传统文化有了初步的认知。后续的班级活动中，教师根据幼儿的兴趣陆续开展庙会延伸活动，如：大班的捏泥人、我眼中的黑龙关庙会、表演区表演庙会节目等。总之，活动效果非常好，家长支持并表示对活动的认可

附录六：
2016—2018年协同研究主要活动

续表

序号	时间	内容	活动形式	主讲人	参加人数	成果
4	2016年4月8日	"庙会文化主题活动实践回顾与各班社会性发展目标的确定"	回顾总结	杜淑平 杨瑞芬	22	梳理大中小班幼儿社会性发展目标，反思庙会活动中的问题，提出庙会活动的延伸活动思路
5	2016年4月22日	"尊重 支持 协作——家园共育有效策略"讲座	讲座	李静 杨瑞芬	26	李静老师的讲座为全体人员在如何做好家园工作方面指出了途径和策略
6	2016年6月1日	"欣赏民间花会 热爱美好家园"；"弘扬乡土文化 传承非遗项目——佛子庄乡中心幼儿园第一届庙会节"为主题的庆祝活动 "民间艺术与幼儿的快乐成长——乡土课程建构研讨会"	讲座	陈晓芳 杨瑞芬	180	幼儿园开展的庆祝活动，让幼儿、家长体验、感受乡俗文化
7	2016年6月1日	"用课程理念助推师幼可持续发展"的专题讲座	讲座	进修学校：黄丽	21	教师对课程更加明确，确立开展研究的自信心
8	2016年6月14日	参加西潞街道幼儿园活动：幼儿学习品质的观察与分析	讲座	首都师大：刘昊	3	对学习品质有了深入的了解
9	2016年6月21日	参加西潞街道幼儿园活动："生活化的活动区域指导"	观摩讲座	陈晓芳 杨瑞芬	2	对"生活化的活动区域"有了更加深入的认识，进而延伸到乡土环境创设的新思路
10	2016年7月10日	"幼儿心理健康与社会情感能力培养"	北师大培训	林崇德	5	了解核心素养基本特点，申报项目合作园

续表

序号	时间	内 容	活动形式	主讲人	参加人数	成 果
11	2016年7月12日	北京市海淀区第七幼儿园"生态课程"	观摩学习	李园长	19	学习园所理念，观摩区域环境和自然角
12	2016年9月19日	大方家回民幼儿园观摩学习	观摩学习	蔡秀萍	3	大方家回民幼儿园观摩学习
13	2016年10月28日	基于班级环境观摩的园、院、区效果总结与新阶段方案确定——金秋十月收获季节的行动与深思、交流、共进	观摩汇报讲座	杜淑平 黄丽 杨瑞芬 张瀚川	17	总结工作，确立新学期工作方案。环境观摩反馈以及张老师讲座对教师工作具有指导性意见。 环境创设讲座
14	2016年11月25日	研究中建设课程增进理解师幼携手共进	半日观摩指导与园本课题指导	杨瑞芬 李静 孙美红	11	进一步明确半日活动中环境创设、教师指导策略
15	2016年12月23日	乡土环境与美	环境与色彩	杨瑞芬 张瀚川		年度总结和色彩运用讲座
16	2017年2月27日	二月二游龙神庙	亲子游	项目团队及全园幼儿	150	幼儿成为庙会的主人，孩子们的节目走进庙会，义卖活动促进幼儿社会性发展，后续活动开展丰富
17	2017年4月14日	"陶出智慧 艺享童年 龙神庙陶艺亲子活动"	亲子泥塑	全园	176	有了逛庙会的前期经验和班级的延伸活动，亲子陶艺活动效果非常好，引发了社会关注
18	2017年5月27日	"阳光运动 快乐成长 六一民间游戏大会"	六一庆祝活动	全园	176	幼儿阳光、快乐，活动内容丰富，家长、幼儿都喜欢

附录六:
2016—2018年协同研究主要活动

续表

序号	时间	内　容	活动形式	主讲人	参加人数	成　果
19	2017年6月6日	2017年北京教育学院"协同创新"幼儿园现场学习与研讨第三场	现场会	杨秀治 王洪满 高玉燕 邹平 王岚 杨瑞芬	130	活动效果非常好,园所乡土活动得到专家好评,孩子们展现了阳光自信的品质
20	2017年10月26日	"天梦之乡"杯家乡秋色亲子照片故事大赛	照片故事大赛	全园	132	活动效果非常好,家园合作,走进自然、了解家乡,萌发幼儿爱家乡情感
21	2017年11月15日	幼儿园歌唱活动与活动设计	听评课讲座	郝香才	26	讲座专业,拓宽了老师对歌唱活动的思路
22	2017年12月29日	"乡情乡味 龙乡庙会"元旦活动	元旦活动	杨瑞芬	182	活动效果非常好,活动和课程整合,搭建幼儿社会性发展平台
23	2018年3月18日	龙神庙亲子游	亲子活动	杨瑞芬	176	活动效果非常好,借鉴前期经验准备充分,活动得以整合,幼儿会主动与人交往,展卖活动促进幼儿社会性发展
24	2018年6月15日	幼儿园与文化——幼儿园文化的创建之路讲座	专题讲座	杨瑞芬	32	活动效果很好,通过培训,老师们对幼儿园文化有了全新的认识,在协同创新项目带领下,幼儿园积极思考园所文化,让文化内化于人,让文化引领园所发展
25	2018年5月24日	乡土课程研讨会	专家指导	周长凤 项立军	26	活动效果很好,周主任让我们对课程有了重新的认识,让我们在实施过程中明确了方向,我们需要认真思考,整理课程纲要,让乡土课程向着体系化方向发展

续表

序号	时间	内容	活动形式	主讲人	参加人数	成果
26	2018年6月1日	阅读陪伴 快乐游戏六一活动	六一活动		200	活动效果较好,充分尊重幼儿,还幼儿真游戏,家长的陪伴让孩子更加开心,体验活动增进了孩子和家长之间的情感
27	2018年6月22日	去大兴十二幼交流汇报园所乡土课程	交流展示	杨瑞芬 王元艳	30	效果很好,得到大兴十二幼樊园长的好评,对我们的课程给予了高度评价,为老师搭建展示的平台
28	2018年7月6日	大兴十二幼来园交流	交流分享	杨瑞芬 王元艳	26	效果非常好,促进园所之间的情感沟通,互相学习
29	2018年7月9日	乡土课程专家指导	专家指导	郎明琪 王洪兰	24	效果较好,专家的点评让我们对乡土课程又有了新的认识,需要在后续活动中改进
30	2018年9月26日	北台燕职基地体验活动	实践活动	邬龙梅	90	效果非常好,真实践真体验真游戏,孩子获得真发展,对家乡秋天有了充分的感知
31	2018年9月29日	家乡板栗课程	实践活动	邬龙梅	36	效果非常好,真实践真体验真游戏,孩子获得真发展,对家乡的特产——板栗有了认知
32	2018年10月10日	北京市乡村园长班乡土课程建设研讨活动	交流汇报展示	谷长伟 顾兰荣	56	活动效果非常好,专家点评为我们的乡土课程提出了建设性意见
33	2018年10月30日	第二届"天梦之乡"杯家乡秋色亲子照片故事大赛 幼儿音乐活动指导	家园合作讲座	邬龙梅 王元艳 杨瑞芬	156	活动效果非常好,家长参与课程的意识越来越强,孩子们自信,敢于表达,通过亲子实践活动,对家乡充分认知,萌发爱家乡情感

附录七：

2016—2018年协同研究总报告

杨瑞芬

一、协同研究基本情况

年度	项目校数	所在区	学员数	行动研究次数	研究课例数	发表论文数	出版著作数	获区级以上奖项数	区域公开活动数
2016	1	房山	20	6	8	1	2	7	12
2017	1	房山	22	6	6	2	1	12	8
2018	1	房山	23	4	4	10	5	13	8
合计			65	16	18	13	8	32	28

这一项目围绕9个单元开展16次行动研究；在每次行动研究中开展1—2个课例研究。参加北京市和房山区教育学会征文活动中的优秀论文28篇，另外在《民族教育研究》发表核心论文1篇，一般期刊发表论文12篇，如《乡土课程文化：内涵、形成及发展》《协同创新带队伍，研发课程抓质量》等。出版的著作中，《谚语的教育智慧——幼儿园乡土课程文化建设的基础》是理论性著作，《幼儿园乡土课程建构的理论与实践》展示了整个项目中行动研究的进展及其具体的理论依据，《快乐泥娃娃》展示了陶艺课程的阶段性成果，《小农民的四季课程》则展示了三年开发乡土课程的过程及案例，其余3本书体现了教师三年来研究能力和写作能力的极大提升，该园在2018年被评为房山区唯一的"北京市科研校"。获奖证书是幼儿园园长及教师参加全国、北京市及房山区各项活动中获得的各级各类证书，如北京市"辛勤育

苗"学前教育工作先进个人,幼儿教师研究课评比活动一等奖、北京市最美教师、房山区教育系统第二届"最美党员"等。区域公开活动主要指协同创新的每次活动几乎都辐射到房山山区的周边5所园,另外,园所派教师在房山区其余园所进行活动指导;在协同项目联动中,三位教师在大兴十二幼围绕乡土主题做公开活动。

二、协同研究的基本过程

(一)总体思路

根据总主题确定各年度主题及园所行动研究的总目标,即乡土课程理念——扎根乡土、回归自然、快乐成长,乡土课程目标——传承乡土文化,培育有根的一代新人,乡土课程内容框架——"小农民的四季生活""家乡的风俗""乡民的休闲"课程资源开发、"小公民的基本常识"、乡土课程多元化的评价体系。三年共开展9个行动研究单元,11个专题。

表1 三年协同研究思路

年度	依据	主题	行动研究单元	专题
2016	田野研究资料、园所意愿	基于幼儿社会性发展的乡土课程资源开发与利用	二月二龙神庙、六一游艺园、园所环境创设	家园共建、行动研究思路与方法、教师自主探索过程与方法、资源开发路径与整理
2017	四季课程、入园挂职	基于乡土资源开发的课程文化建设	科学活动、艺术活动、幼儿学习方式、园所理念	教师观念更新、陶艺课程、龙神庙系列活动、研究方法与研究成果的研讨
2018	项目联动跨区交流	乡土课程文化建构实践与研究	乡土课程梳理、艺术课程建设与研讨	书面成果整理与研讨(读书会)、园际分享与研讨(区内外)、实践与研究的统一

"龙神庙活动"行动研究单元中,首先根据各班级教师的主题活动进行活动目标的研讨;其次,根据研讨结果——各班确定的社会性发展目标来确

定进一步研讨活动主题,如根据庙会活动中的"祈雨"活动来设计"许愿"活动,根据道士服饰来设计"乡土服装展"等活动;再次,把庙会活动中的"大鼓会"和"舞狮"活动引进园所,开展六一游园活动;最后,各班根据幼儿年龄开展班级大鼓活动,通过区域活动巩固活动成果。与此相伴随的是农业生活中四季的种、长、收与藏。这一研究单元中穿插家园共育、社会性目标确定、民间艺术进园所、园所联动式观摩来推进研究进程。为进一步巩固第一轮行动研究成果,不断深入各班级活动,以区域环境创设为主线推动教师反思、观察及师幼有效沟通能力的提升;同时,以微讲座方式与教师共同回顾与总结;与此同时生成了后续两个研究单元的主题——六一的民间艺术入园及"乡土"环境创设。

"园所环境创设"行动研究单元中,先进入班级观察区域活动;第二是精选案例——"种小米——收小米——熬小米粥——分享""制作鼓——打鼓——节拍——音乐活动"主题墙来分析优缺点;三是与教师一起思考活动图片和成果如何更好地呈现于区域环境中;四是根据这一需求,请美术专家为教师展示并分析多所园的环境创设图片,开阔教师思路;五是进一步分析区域环境的美感及对幼儿思维的影响,辅以"色彩理解与运用"为主题的讲座。

每个行动研究单元都遵循"1+N式研讨——修改——实施——互评、自评、总结——改进后的设计方案"五环节,即:学、做、用、评、改。

(二)特色活动(其余活动详见《小农民的四季生活》《快乐泥娃娃》)

1. 2016年6月12、13日,园长、主任参加第四届全国乡土教材研讨会,园长作为学前领域的唯一代表发言,发言主题为《让教育回归自然,让课程饱含乡情》;幼儿园的《乡土主题活动案例》以及《神龙福地,天梦之乡》乡土文化资源汇编在交流现场得以展示与分享。

2. 2016年6月1日,"六一游艺园"引入了区域非遗项目——大鼓会活动、舞狮活动,举行了大型亲子活动。

3. 2016年7月23日，幼儿大鼓演出，并在房山电视台播出。

4. 2016年7月26日，房山广电传媒报道："让教育回归自然 让课程饱含乡情"。

5. 2017年2月27日，龙神庙庙会中幼儿参与表演活动，举办园所自制陶艺品、食品义卖活动。

6. 2017年3月16日，三教寺幼儿园园长、副园长、保教主任（专长是科学领域活动的设计与实施），与项目园各层级间互动，并以园所文化建设为主题展开深入讨论与交流。

7. 2017年5月27日，开展"阳光运动、快乐成长民间游戏"活动。

8. 2017年6月1日，与培训者培训项目联动，研讨乡土课程及园所文化建设。

9. 2017年9月28日，房山广电传媒报道："在幼儿园教陶艺——结果会怎样你猜得到吗？"

10. 2018年4月20日，项目核心成员在大兴十二幼分享了《好玩的泥巴》《快乐山娃娃》《玉米主题活动》等内容。

11. 2018年5月29日，房山广电传媒报道："带孩子们返璞归真 这个幼儿园长不一般"。

12. 2018年6月23日，大兴十二幼团队在房山佛子庄园分享办园思想及理念、音乐与美术活动的教研经验。

三、协同研究成效

（一）田桂竹老师的发展案例

三年来教师的教育教学研究能力、实践能力不断提高。105人次论文获得国家、市、区级奖；12人次获得区级作课奖。园内由2名区级骨干增加到3名区级骨干，其中一名被评为市级骨干；田桂竹老师被聘为区级实践领域培训教师；张莎莎老师被聘为区级兼职督导；隗洪霞老师被评为"北京市优秀教师"。

协同创新项目体会与反思

房山区佛子庄乡中心幼儿园中年教师　田桂竹

幼儿园开展"基于幼儿社会性发展的乡土文化课程资源开发与利用"协同创新项目课题的研究方案的学习与实践活动，我先后参加了几次，感触颇深。

一、我的收获

（一）在学习中学习

课题的研究使我知道了，我们熟知的环境中也有课程资源，能让孩子们通过了解自己的家乡，来了解外面的世界；通过我园开展的系列活动，促进幼儿的社会性发展，带幼儿外出，孩子们会主动跟陌生人说话、聊天、问路……孩子们懂得礼貌的重要性，懂得了要想了解一些事情，就得跟人交往；通过活动，促进了幼儿的良好学习品质的发展，培养了幼儿的好奇心和学习兴趣，使幼儿逐步养成积极主动、认真专注、不怕困难、敢于研究和尝试等良好的学习品质。通过参与本课题的研究，我认识到，课题的研究不是想象中的那样无从下手，只要自己也有这些学习品质，也能进行课题的研究。

（二）在学习中研究

我本不知道协同创新项目是什么，通过几次有效的活动和教研，我开始慢慢了解到，促进幼儿社会性发展才是主旨。我通过观察、记录、反思等形式，对幼儿进行深入的研究，发现，哦！幼儿也是有社会关系的，幼儿与幼儿、教师与幼儿、幼儿园与幼儿、社会与幼儿都有着千丝万缕的关系。两个幼儿之间都能够有合作、分享、争执与解决争执，都无一不体现幼儿的社会关系。

（三）在学习中成长

通过课题的研究我知道了很多，因此，当园领导问我是否愿意承担一项独立的课题任务时，我知道了如何进行课题的准备工作，如何写开题报告，如何按部就班地进行我的"陶艺"课题的研究。

二、我的新认识

提起乡土资源，使我想起小时候，快乐整天陪伴着我们，玩的东西也很多。游戏中幼儿自发地、自主地与空间、材料、玩伴相互作用的情境性活动至今仍历历在目。如今幼儿园是幼儿游戏的主要场所，幼儿的游戏水平、幼儿在游戏中的发展直接取决于教师为其创设的游戏环境和提供的游戏材料。

我园地处山区，有着许多得天独厚的自然资源。因此，我园通过协同创新项目专家的指导挖掘乡土资源，其中我负责的陶艺室就是其中之一。在研究的过程中，我们从一无所知到慢慢理解、懂得，用游戏化的教学方式，使幼儿的学习延伸到自然的各个角落，让每一名幼儿在环境中获得自由、自主、和谐、愉悦的发展，真正体现出陶行知先生倡导的"活的乡村教育要用活的教育资源"的教育思想。

三、我的成效

通过课题的研究，取得了一定的成效。

乡土资源、民间游戏，让幼儿在做中学，发展了幼儿与同伴之间的合作交往能力，同时幼儿的口语表达能力得到了进一步的提高。

陶艺游戏促进了幼儿艺术能力的发展，有助于幼儿进行想象与创造、动手动脑，并形成良好的行为习惯。

乡土特色走进幼儿园，培养幼儿从小爱家乡的情感，还可以充分挖掘以前被忽视的自然和社会资源。幼儿可以在每天的游戏当中了解家乡的特色环境。

丰富多彩的大自然和乡土材料为我园提供了宝贵的教育资源，我们在贴近幼儿生活的基础上充分挖掘资源，丰富幼儿活动内容，更能萌发幼儿热爱家乡，传承民族文化的情感。

通过协同创新项目的落地生根，我园"教育回归自然"的理念深入到我们的脑海，我们会更加准确地把握教育规律，研究教育现象，组织教育活动。

（二）学校发展案例

房山佛子庄中心园是一个由中年、老年转岗教师承担保教重任的园所，9位教师工作在一线，其余老教师则做一些园所后勤的辅助性工作。项目开展前没有一项科研项目，但随着"协同创新"项目的深入推进，房山佛子庄中心幼儿园进一步整合乡土地域资源，构建并实施乡土课程，有效促进了幼儿的全面发展；以乡土课程文化和园所文化的建设不断提升办园水平。2017年6月承接北京教育学院"协同创新"现场会；2017年12月被授予区级领域教学实践培训基地；2017年11月在"北京市双一园"年度考核中受到市专家组好评；2018年10月10日，北京市乡村园长班在该园集体研讨乡土课程建设的推广，同年被评为"北京市科研先进校"。

1. 2017年"科研年"、2018年"特色年"年度任务完成。

随着项目开展申请的《幼儿园陶艺课程对幼儿学习品质与情绪情感发展作用的实践与研究》《户外体育游戏促进幼儿社会性发展的研究》《基于幼儿社会性发展的乡土社会实践活动开发与利用》《基于传统节日文化教育对幼儿社会性发展的实践研究》四个市级课题有序开展，最后一项已经结题。

2. 幼儿园乡土课程"快乐山娃娃"及"小农民四季生活"体系初步形成。

山娃爱运动：山娃踩高跷、山娃大挑战。

山娃爱家乡：山娃游庙会、"天梦之乡"亲子照片故事、山娃记者站。

山娃爱种植：山娃特产店、山娃种植园。

山娃大舞台：山娃乐大鼓、山娃爱唱歌。

山娃玩泥巴：山娃爱玩泥、山娃爱生活。

3. 陶艺课程《快乐泥娃娃》正式出版发行。三年来，该园在多年的玩泥活动基础上进行深入思考与探究，实现了从玩泥游戏到陶艺课程的迈进。在课题负责人田桂竹老师带领下研究各年龄班幼儿陶艺活动的开展，积累课程活动经验，编辑出版了陶艺课程《快乐泥娃娃》一书。

4. 主题课程《小农民的四季生活》完成了春种、夏长、秋收、冬藏四季课程的实践探究，并正式出版。在"香香的野菜""快乐种植""摘山楂系列活动""晒干菜"等活动中幼儿感受到农民种植、收获的快乐，在参加系列活动中丰富了生活经验、认知经验等，获得多方面发展。

5. 传统文化课程实践多个主题活动。"二月二龙神庙""九九重阳节"等主题活动的开展，让幼儿走进传统文化、民俗文化。孩子们在准备活动、参与活动过程中，用手、用眼、用心感受节日活动的氛围与文化。

6. 民间体育游戏活动深入开展。一年来，各年龄班收集并开展民间体育游戏踩高跷、扇元宝、赛龙舟等20余种。通过体验与筛选，孩子们选出了部分游戏在2017年5月27日"阳光运动，快乐成长民间游戏"活动中与家长一起玩，增进了亲子感情。

（三）幼儿成长案例

霸王龙小分队

王玉平

我今天和大班小朋友一起走出幼儿园，到田地边观摩农民伯伯种地。来到后山地边，哇，好多的爷爷奶奶都在地里干活。为了方便观摩，你们进行了分组，你（郭欣然）就被分到了我的组，同时，我们组成员还有小硕、鸿宇和思琦等。

附录七:
2016—2018年协同研究总报告

你们要采访一位老奶奶,可是从主路到老奶奶的地边的路很不好走,需要爬坡还要下坡,你们非常自信,说:"没问题。"果然,你们凭借自己的方法克服困难来到老奶奶身边。你(欣然)作为小组长,非常有礼貌地向奶奶问好:"奶奶,您种什么呀?""种玉米。""奶奶,种玉米要放几粒种子呀?"奶奶说:"一般放两颗。"你又问:"奶奶,放一颗行吗?"奶奶告诉你们说:"还是放两颗比较保险,放一颗如果不出苗就白种了,放多了,浪费种子。"你又问:"奶奶,种上玉米是不是也得浇水呀?"奶奶说:"咱们这里种地不浇水,要等老天下雨。"你高兴地说:"哦,我明白了,二月二去黑龙关烧香,就是求雨,让玉米有水喝。"

采访完老奶奶,你们要从地里回到主路上,刚才是下坡,回去要爬坡,咱们组的几个小胖胖可吃力了,你想到了好办法,你先爬上坡,然后站在上面拉小朋友。办法真不错,你把思琦拉上去了,小硕看到你的方法,他也把鸿宇拉上去了。

回到主路上,我说:"咱们组的6个人要减肥了,刚才爬坡、下坡真费力气。"你突然说:"咱们都胖,咱们叫'霸王龙小分队'吧,胖有力气,霸王龙就非常厉害!"你的提议得到了小组成员的同意。"霸王龙小分队"又进入到第二站采访。

第二站看到的是一位爷爷和一位奶奶。你和小组成员采访爷爷奶奶后知道他们要种芝麻。看到奶奶使用的农具,你便问:"奶奶,这是什么工具?"奶奶说:"三指耙。"你和小伙伴们经奶奶同意都尝试了一下三指耙,你们都说:"好沉呀!"

这时，旁边的爷爷说："好好学习啊，如果不好好学习，将来就得种地，看我们多累呀！"

完成了观摩、采访任务，你们来到了后山最高峰，坡路很陡很陡，你（欣然）突然提议："老师，咱们'霸王龙小分队'挑战爬坡，行不行？"我说："路很陡，很费力气的！你们有信心吗？""'霸王龙小分队'有力气！"我被你们的执着和勇气震撼！欣然答应一起挑战最高峰，每当爬到一个险境，你们都要求我给你们拍照，你们说回到班里，你们要讲述这次旅行。鸿宇爬不动了，你就和小硕一起拉着他，终于爬到最高峰。你们的力量带动了班级其他人，郭老师后续也带领其他小朋友爬到了最高峰，你们一起在最高峰赏景、拍照。

我在故事中的发现：

这次旅行让我看到了大班小朋友的社会性发展情况，孩子们有礼貌，一路走来，见到人就主动打招呼。你们的有礼貌行为带给他人的是快乐和愉悦。你们能坚持完成一件事，心中时刻有观察和采访的内容，通过观摩和采访，进一步了解了种地的相关经验。活动中，你们非常有自信，不怕困难，

特别是爬坡时互相拉一把的行为让我感动和震撼!"霸王龙小分队"是你们自己起的名字,名副其实,从你们身上,我看到了霸王龙的力量!你们是那么团结,那么友好,你们坚强、勇敢、自信的品质将会是你们人生中一笔宝贵的财富。

学习的机会和可能性:

在分享活动中,"霸王龙小分队"中的每个人都积极主动地讲述了这次观摩之旅,人人都有深刻的认知,了解了种玉米的知识以及如何使用三指耙。特别谈到了活动中的合作和互相帮助,还有挑战最高峰的喜悦!"霸王龙小分队"队员分享时,其他幼儿听得非常专注,"霸王龙小分队"的精彩活动让其他人羡慕。挑战最高峰的行为具有影响力,激励其他人也参与挑战。在后续的活动中,我们会给孩子们提供更加广阔的学习空间,让孩子们尽情游戏和玩耍,让孩子们的童年充满梦想、充满色彩!

(四)模式创新案例

田野工作遵循着"在这里——去那里——再回到这里"的工作逻辑,这是人类学研究的三大法宝之一。在项目开展的第一年中,我运用这一法宝调整着自己的工作状态。具体而言,随着项目开展中地点的不断转换,工作主线及方式也不断变化。"在这里"有大学成人教育工作者的思考线索——从自身专业出发探索促进在职幼儿教师的专业发展和园所办园质量提升的有效方法与途径。"自身专业"是指个体整合不同知识背景并结合个人兴趣和工作经验而形成的较为擅长的小领域,因"小"而专,并具有不可替代性;这种探索不仅限于一所园,而是在走过多所园之后不断总结、归纳、提炼而成的具有普遍意义的发展路径与模式,随之而形成较为深刻而全面的方法系统。"去那里"则是根据协同创新园所的特殊情境而整合我们的团队优势或专业优势,从而提供相适切的指导内容与方法。如,乡土资源开发项目需要考虑到家长作为重要的资源开发者需要进一步引领和提升,据此安排家庭教育专家进行相应指导;社会性品质的提升则要提供长期研究幼儿社会性发展的专家进行相应对接;在具体的情境中发现教师教育实践中关键能力的欠缺时,则有针对性地寻找实践工作者个性化的指导。"那里"便有了另一条工作线索,既需要熟悉幼儿园现有的工作水平与思路,又要探索其"最近发展区",为其工作水平的提升而整合园内外各种资源与力量并进行有效对接。"再回到这里",原有的思考线索不断经受着实践逻辑的检验和矫正,沉下心来,新学期的工作线索在酝酿,田野研究或是行动研究的阶段性成果需要不断整合到更为系统的研究中。这种研究是安身立命之本,只有这种研究才能更好地促进专业的发展;这种研究只有通过系统的文献梳理与研究以及前沿领域的进一步学习才能更好地推进。简言之,时空转换中,我们的行动、思考、书写在不同线索的交织中同时进行,彼此相互缠绕而又处于螺旋式上升中。

在各年度中,"这里"与"那里"之间有不同的意义。2016 年,体现为空间上的不断变化,即从佛子庄园到教育学院的时空变化中不断学习、不断积累经验,进而把时空扩大到相邻园所之间及园、区、市的互动中。2017 年则将之理解为思路上的不断调适。实践思路和研究思路是不同的,但却是相通而又相互支持的。实践思路是园所工作的思路,对于这样一条思路首先需要尊重、理解,这便是田野工作的核心,接纳园所教师的思想和观点;而接纳后要进行反复推敲,回到书斋中寻求文献和理论的支持,进而通过对实践素材进行深入分析而寻求解决问题的对策,这里的思路是学术研究的思路;再回到田野中时,研究的成果要用实践来检验,正确的话可以长期沿用,错误的话则要寻求更丰富的资料来加以论证。正是在教育现场,教育理论和实践走向了统一;也正是在现场,教师的实践知识得以被不断挖掘,进而成为个人适用理论,这也是学术研究的价值所在。2018年则可以理解为项目梳理工作中新旧观念和行为习惯的不断交锋,项目参与者勇敢地走出旧有习惯,不断蜕变为一个新个体。

(五)主要研究成果

1. 著作 8 本

幼儿园——《快乐泥娃娃》《小农民的四季生活》《我家门前靓起来》《幼儿园体验教育实践与研究》等。

幼儿园在玩泥活动的基础上进行深入思考与探究,实现了从玩泥游戏到陶艺课程的迈进。在课题负责人田桂竹老师带领下研究各年龄班幼儿陶艺活动的开展,积累课程活动经验,编辑出版了陶艺课程《快乐泥娃娃》一书;2018年项目核心组带领团队梳理乡土课程,出版了《小农民的四季生活》。

作为项目负责人,杨瑞芬编著了《谚语的教育智慧——幼儿园乡土课程文化建设的基础》《包容与发展——民族地区教师队伍建设研究》。

《谚语的教育智慧——幼儿园乡土课程文化建设的基础》为引领园所进行乡土资源开发建构了理论框架,《包容与发展——民族地区教师队伍建设研究》为教师学习、发展及培养提供了理论基础和实践参照。

2. 论文合计约 40 篇

项目负责人的论文有《谚语的教育意蕴》《幼儿园乡土课程文化:内涵、形成与发展》《幼儿园文化个性:内涵、构成及影响因素》《幼儿教师备课：师幼幸福生活的设计与践行》《哈萨克族谚语中的共生观及其教育理路》等 7 篇。

杜淑平园长撰写了论文《让教育回归自然，让课程饱含乡情》《农村中心园乡土课程实践与研究策略之我见》，《协同创新带队伍，研发课程抓质量》一文荣获由教育部中国人生科学学会教师发展专业委员会举办的"'中国梦'全国优秀教育教学论文评选大赛"一等奖。

保教主任王玉平撰写了论文《挖掘乡土资源，构建乡土自然课程》《乡土社会实践活动是"活的教育课程"》《观摩农民种地实践活动中幼儿社会性发展的思考》《基于幼儿社会性发展的乡土社会实践活动研究》《传承乡俗文化 教研实践促发展》《基于幼儿社会性发展的乡土社会实践活动研究》。

李春娇老师撰写论文《泥塑课程活动中教师角色的探究》《浅谈幼儿教师利用乡土资源开展艺术活动的策略》。

田桂竹老师撰写了论文《小小手玩泥巴》。

果红梅老师撰写了《做柿脯》《泥土好可爱》。

四、协同研究的经验与特色

（一）研究与实践的有效整合

1. "在这里——去那里——再回到这里"有助于学术逻辑和实践逻辑的统一

"基于幼儿社会性发展的乡土课程资源开发与利用"以行动研究来推进契合于实践者的逻辑，而支撑这一项目的科研课题《乡土视野下的课程文化建构》是以人类学的田野研究范式推进的。行动研究有助于园所实际问题的解决，田野研究则将园所发展及其行动研究置于更广阔的文化背景中来考量，有助于对乡土文化、乡土文化课程的深度理解与建构。同时，行动研究中的密切合作有助于田野研究关系的建立。二者相互补充、相得益彰，在长期的磨合与交流过程中,实现了学术逻辑和实践逻辑的统一。

2. 科研课题的交叉引领

项目负责人有《人类学视野下幼儿园乡土课程文化建设研究》课题,同时参与其余项目负责人的多个课题,这些研究课题一方面推动着幼儿园的实践工作,另一方面为实践工作提供了方向和强大的支持性力量,使其有章可循、有据可依。如幼儿园乡土课程建设的过程本身是教师团队合作文化形成的过程,课例研讨本身也是园所教研文化和科研文化形成的过程,这是园所课程文化和园所文化形成的基础,而这个过程需要通过与课程文化相关的科学研究来推动;借助优秀园长成长机制的研究成果,园长在引领课程建设过程中获得了更自主的成长,进而更有力地领导课程;在科艺融合的学习案例学习中,教师在科学活动和艺术活动的设计与实施中也更加了解了幼儿的心理过程,这不仅弥补了园所五大领域力量的不均衡,更完善了以幼儿心理需求为依据的课程设计思路。在这里,项目组的研究成为园所前进的必备力量,实践工作者和学术研究者各有所长而相得益彰。

(二)协同研究理念与思路

1. 多元文化中的个性化引导

多元文化背景(包括乡土中的人际文化和现代都市中的人际文化)中进行积极、主动的专业自我塑造是项目成员成长的前提。因此,项目开展中以文化视角来审视每一次行动,慎重面对不同个体的生活环境及兴趣,为此而开展个性化的引导与研讨,努力促成个体兴趣的达成和文化生活的丰富,使团队每一个成员享受乡土文化,在乡土文化的肥沃土壤上滋养灵性,通过无意识和意识间的不断转换而形成各自的实践性知识,并因此而获得可持续发展能力。

2. 协同研究成员彼此间的文化认同

作为负责人,深度认同园长的教育理念——"让教育回归自然的前提就是我们自身做一个自然的人",管理理念——"教师不需要管,需要自然成长,我们要尊重自然的生命成长,在她们需要的时候提供条件。这就需要大家放松下来一起调整;教师要伴随孩子的成长,业务管理者伴随老师的成长——给老师们提供一个方向、理念,让她们的思考落地"。教师在这样的管理氛围下,将更有能力站在幼儿的角度思考问题,服务于幼儿的成长。

3.行动研究单元中模块与专题的设计思路

每年的行动研究单元中模块与专题的设计思路有助于根据具体情境而做出调整,同时又确保行动研究的整体而有效地推进。

(三)协同研究方式的随时调整

1.园所互动中深度合作

在项目推进中,借助下园挂职锻炼机会而使佛子庄园和三教寺园进行了深度合作与交流。两所园之间从课程的设计、教师团队的引领方式、学习共同体的建立乃至园所文化的建设方面进行了不同层面的互动与学习,从更系统的角度推进园所的发展。在三教寺作为园长助理,通过对园长工作全方位地了解和跟踪学习,明白了园长的理念、管理能力与个人为人处世的风格如何交织在一起而共同引领园所和教师的发展;同时也深入班级了解优秀班长的带班经验和管理策略。2017年一边学习,一边在实战中来检验所学并更好地推进学习进程,二者相辅相成。更为重要的是,利用学习的机会以园所和宣南博物馆、陶然亭公园等田野点开展了田野研究,与原先在佛子庄收集的田野资料相比对,有利于在更广阔的文化背景下理解城乡教育的差异,进而明白教育者工作的界限。教育不是万能的,教育需要在明确一定的社会文化背景的情况下来机智地开展,这样才能以适宜的引领获得有效的成果。

2018年与大兴十二幼展开了更深层面的交流,围绕园所理念、艺术活动、教研活动及协同项目实施过程等多次进行深度研讨,并把交流成果辐射到良乡四幼等幼儿园。

2. 以园所互动推动协同研究总结的深度

分享是总结提升和成果推广的最佳方式。书面分享是写作，言语和行动分享是与山区片园所间及跨区园所——大兴十二幼的深度交流。这种交流也促进了项目负责人间的进一步合作，这进一步促进"课程实施形成三联动、三转变"。

"区域联动：课程活动促区域联动。在我园开展了与山区姐妹园、协同创新项目组园所的交流研讨4次，与大兴十二幼互动交流2次，与青海玉树幼儿园互动交流1次。在课程研究与实施过程中发挥我园辐射作用的同时，也让我们形成区域联动，共同研究、共同提高。我园孩子们在龙神庙庙会中'山娃特产店''挖野菜和玩泥巴'等活动在房山新闻播出，引发了社会关注。

家园联动：课程活动促家园联动。课程培训、园级活动、班级活动都邀请家长参加，家长和我们一起提升育儿理念、育儿能力，乡土课程的实施让家园齐思共进，共同促进幼儿发展。

师幼联动：课程活动促师幼联动。课程实施过程中幼儿是真生活、真操作、真体验、真收获，教师是真研究、真实践、真思考。课程活动促进教师与幼儿联动成长。

管理者的转变——统领指挥变陪伴成长：随着乡土课程建构与实践，让我们的管理者从统领指挥转变成陪伴成长。从你的问题在哪变为我们的问题在哪，我们需要如何调整。

教师的转变——设计活动变建构活动：教师以前是更主观的设计活动、实施活动，现在是建构活动，活动建构中更能体现孩子的最近发展区的真实任务。教师树立正确的儿童观、教育观、课程观。

幼儿的转变——参加活动变主动活动。乡土课程贴近幼儿生活，乡土课程贴近幼儿游戏，乡土课程贴近幼儿发展需要。现在孩子是主动想活动、玩活动，孩子们活动天性获得释放，获得全面发展。"——摘自邬园长总结报告。

3. 区域辐射

为了山区其余园所共享项目资源，每次活动都邀请5所园共同参与与研讨，活动结束后通过美篇记录分享给各园更多教师；特色活动和协同研究经验通过电视等媒体来持续推广。

五、问题与建议

（一）农村幼儿教育师资问题的及时研究

对广大的农村幼儿园来讲，从师资到园所硬件设施，从园内现状到园外支持力量都与我们的标准有一定距离，并面临一些矛盾。如何在现实的诸多矛盾交织在一起时倡导良好幼儿文化、教师沟通文化及园所共育文化的建立，如何基于现实理解园长个性及管理风格，是迫切需要研究的问题。

（二）工作效果最大化

如何帮助自己、园所教师和干部明确各自在项目中的发展方向，如何尽最大可能挖掘各自的发展潜力，进而在有效互动中争取三年显性和隐性成果的最大化。如科学活动和艺术活动设计能力的持续改进，园所项目开展中工学矛盾问题，新旧管理方式中教师的调适问题等，这些问题之间是相互联系的。实践总是复杂的，而我们能做的就是尽己所能，把我们的工作视为我们完整生活中的一部分，去拥抱整个的生活。

（三）全方位引领的需求与精力有限性之间的矛盾

对于园所而言，"在建构与实施课程过程中的观察、分析、反思、调整能力需要提高"。由于精力的有限不能长期跟踪园所实践工作，因此在实践中"手把手"指导不够有力，与此相应的是园所学习后的转化和迁移能力的提升，对这一矛盾和背后的深层原因需要进一步思考。

主要参考文献

一、中文著作类

[1] 陈鹤琴. 陈鹤琴"活教育"幼儿园教师实用手册 [M] 南京：南京师范大学出版社,2017.

[2] 杜淑平,邬龙梅,王文东,王玉平编. 小农民的四季生活 [M] 北京：北京出版社,2018.

[3] 费孝通. 乡土中国 [M]. 北京：外语教学与研究出版社,2012.

[4] 冯建军. 生命与教育 [M]. 北京：教育科学出版社,2004.

[5] 葛兆光. 中国思想史（第二卷）[M]. 上海：复旦大学出版社,2009.

[6] 郝苏民. 甘青特有民族文化形态研究 [M]. 北京：民族出版社,1999.

[7] 胡华著. 给童年留白 [M]. 广西：接力出版社,2017.

[8] 黄淑娉,龚佩华,文化人类学理论方法研究 [M]. 广州：广东高等教育出版社,1998.

[9] 季平,崔艳丽,涂元玲. 理解自我 [M] 北京：教育科学出版社,2014.

[10] 刘旭东. 教育的学术品格与教育理论创新 [M]. 北京：中国社会科学出版社,2017.

[11] 刘晓东. 儿童精神哲学 [M] 南京：师范大学出版集团,2003.

[12] 李文阁. 回归现实生活世界 [M]. 中国社会科学出版社,2003.

[13] 李晓阳. 教师经验及其生成 [D]. 武汉：华中科技大学博士论文,2009.

[14] 刘森林. 实践的逻辑 [M] 北京：社会科学文献出版社,2009.

[15] 滕星. 教育人类学通论 [M] 北京：商务印书馆,2017.

[16] 王岚."全课程"体育活动的实践与探索——园本课程理论与实践探索丛书（第3辑）[M] 北京：北京出版集体公司，北京少年儿童出版社.2012.

[17] 杨生军等. 天梦之乡佛子庄 [M]. 北京：中国书籍出版社,2014.

[18] 朱小蔓. 情感教育论纲 [M]. 北京：人民出版社,2008.

[19] 郑金洲. 教育文化学 [M]. 北京：人民教育出版社,2000.

[20] 虞永平. 学前课程的多视角透视 [M]. 南京：江苏教育出版社,2006.

[21] 袁爱玲. 幼儿园课程 [M] 北京：北京师范大学出版集团,2015.

[22] 赵汀阳. 论可能生活 [M]. 北京：生活·读书·新知三联书店,1994.

[23] 庄孔韶. 人类学通论 [M] 北京：中国人民大学出版社,2003.

[24] 胡塞尔著. 经验与判断 [M]. 邓晓芒，张廷国译. 北京：三联书店,1999.

[25] 杰弗瑞·戈比著. 21世纪的休闲与休闲服务 [M]. 张春波，张定家，刘风华译. 昆明：云南人民出版社,2000.

[26] 肯特·科普曼，李·哥德哈特著. 理解人类的差异 [M]. 滕星，朱姝等译. 北京：中央民族大学出版社,2011.

[27] 列维·斯特劳斯著. 结构人类学 [M]. 张祖建译. 北京：中国人民大学出版社,2006.

[28] 玛丽·路易丝·霍莉，乔安妮·M·阿哈尔，温迪·C·卡斯藤著. 教师行动研究 [M]. 祝莉丽，张玲，李巧兰译. 北京：中国人民大学出版社,2017.

[29] 马克斯·范梅南. 生活体验研究–人文科学视野中的教育学[M]. 北京：教育科学出版社,2003.

[30] 玛利亚·蒙台梭利. 蒙台梭利早教经典 [M]. 北京：教育科学出版社,2016:23.

[31] 内尔·诺丁斯. 幸福与教育 [M]. 北京：教育科学出版社,2009.

[32] 皮埃尔·布迪厄，华康德著. 实践与反思——反思社会学导引 [M].

李猛,李康译.北京:中央编译出版社,2004.

[33] 沃伦·本尼斯.领导者[M].杭州:浙江人民出版社,2016.

[34] 雅斯贝尔斯.什么是教育[M].上海:生活·读书·新知三联书店,1991.

二、中文期刊类

[1] 郭元祥.教育理论与教育实践关系的逻辑考察[J].华中师范大学学报(人文社会科学版),1999(1):38-42.

[2] 刘旭东.论作为行动者的教研员及专业发展[J].教师发展研究,2019(2):51-57.

[3] 刘旭东.教师的研究:意义、型态与策略[J].教师教育,2009(4):21-26.

[4] 卡洛琳·波普·爱德华兹,莱拉·甘第尼著,张辰楠,张虹译.瑞吉欧·艾米莉亚的教师研究——一个充满活动并不断演变的角色的精髓[J].幼儿教育,2016(05):1-10.

[5] 陈向明.实践性知识:教师专业发展的知识基础[J].北京大学教育评论,2003(01):104-112.

[6] 魏戈,陈向明.如何捕捉教师的实践性知识——"两难空间"中的路径探索与实践论证[J].教育科学研究,2017(02):82-88.

[7] 金生鈜.哲学地教儿童[J].中国德育,2018(4):42-45.

[8] 金生鈜.无立场的教育学思维——关怀人间、人事、人心[J].华东师范大学学报(教育科学学报),2006(9):1-10.

[9] 宁虹.教育理论与教育实践的本然统一[J].教育研究,2006(4):12-17.

[10] 桑国元,王文娟.文化人类学视野中的教师研究:以一项师生互动研究为例[J].民族教育研究,2016(6):30-39.

[11] 邵晓霞,王亚妮.从"实然"到"应然":课程文化的时代使命[J].教育理论与实践,2013(3):36-39.

[12] 石中英. 论教育实践的逻辑 [J]. 教育研究,2006(1):3–9.

[13] 王鉴. 课堂重构：从"知识课堂"到"生命课堂"[J]. 课程理论与实践,2003(1):3–6.

[14] 吴明海. 一核多元、中和位育——中国特色多元文化及其教育道路之初探 [J]. 民族教育研究,2014(01).

[15] 杨瑞芬. 哈萨克族谚语的共生观及其教育理路 [J]. 民族教育研究,2018(5):114–120.

[16] 杨瑞芬. 后现代视野下教师生活的整合性研究 [J]. 基础教育,2009(5):32–36.

[17] 杨瑞芬. 幼儿教师备课：师幼幸福生活的设计与践行 [J]. 教师发展研究,2018(2):82–87.

[18] 杨瑞芬. 丰富生活：教师备课的新境界 [D]. 西北师范大学硕士论文,2008年,32.

[19] 杨志成. 学校文化建设的解构与建构 [J]. 中国教育学刊,2014(5):41–44.

[20] 杨志群. 农村幼儿园"百草园"乡土课程模式的构建——以苏州市相城区蠡口中心幼儿园为例 [J]. 江苏幼儿教育,2014(2):32–37.

三、外文著作和论文

[1]KirstenWeber. Life History and Experience[M].Roskilde:Roskilde University,1997:33.

[2]Thomas J Sergio.Leadership and Excellence in School[J].Educational Leadership, 1984(41): 4–13.

[3]Henning Salling Olesen and Palle Rasmussen.Thoeretical issues in Adult Education[M].Roskilde:Roskilde University,1996:78.

后 记

作为一个教育研究者，随着与幼儿园"亲密"关系的建立，个人整个的生活渐渐丰盈起来。一方面，对幼儿教师日常生活的深度了解促成了对自我生活的反思和调整，另一方面，生活的丰富促成了学术生活中的研究问题更加明晰，研究的思路更加多元。

回想起2016年项目起步时的种种困惑，项目推进中与园长交谈时的种种分歧与探讨，遇到问题后一头扎到书堆里寻求"灵丹妙药"，从幼儿教师的创造性工作中寻求答案……无论多大的困难或阻碍，到现在都化成理性阐释中的鲜活素材。尽管我们第一轮的协同研究是在"做中学"———一边做一边探索，却为第二轮协同研究提供了丰富的经验和教训，教师在行动研究中赋予实践更多理性和生命感，研究者在追随实践者的足迹中理解协同研究的价值和前进方向。这里呈现的是一个研究共同体欢快而又信心满怀的行动。

行动后的理性反思是无止境的。我们看到教育现代化过程中，幼儿教育也不可避免地受到学科力量的规训——幼儿园有限空间的常规设置、时间的固定链条、书写的技术以及种种检查、评比在一定程度上阻碍了教师创造性地开展工作。尽管如此，我们也发现富有个性的幼儿教师依然呈现出强大而又不可遏制的生命力，她们常常富有鲜明的观点、立场和做事方式，她们能够从乡土文化和现代文化中获取丰富的资源，能够真诚地面对自己、幼儿、同伴；她们在主动而又自觉地平衡日常生活的各个领域，始终保持对事物的好奇心与探索欲，追求与自然、他人、自我求得和谐相处。更庆幸的是，幼儿教师有善于

幼儿园乡土课程文化建设协同研究

协调园内外关系的园长和干部的有力引领和无私帮助,她们默默、强大地支持教师和幼儿的个性化发展,并为教师搭建起展示才华的一个个平台。

我们坚信幼儿园乃至整个幼儿教育的发展需要追求文化品质:从乡土文化中挖掘更为丰富的资源,更深刻地理解文化资源与幼儿、教师自身发展的关系,推动幼儿园课程文化、幼儿文化、教师文化乃至继续教育者文化的可持续发展,追求中华民族文化背景下幼儿教育的独特品质。在此,向为这个目标奋斗不止的每个协同研究成员致以崇高的敬意,表示最衷心的感谢!希望我们始终在一起,并有更多的志同道合者加入我们的队伍中。

书稿完成之后,特请硕士生导师刘旭东教授和博士生导师吴明海教授提出宝贵建议。刘老师对全书结构给予了肯定,认为"比较完整","表述也比较规范","作为叙事题材的书稿,叙事性很强",但希望继续提升理论高度和案例分析的深度。感谢刘老师多年来总是不断督促我牢记自己学术研究的使命,在理论的提升中追求卓越的发展。

吴老师认为"项目很有价值,篇章结构合理,研究扎实",这对三年的努力给予充分肯定,他这么多年来总是包容我、鼓励我,给我较高的期待,在"序"中肯定了我今后的发展方向。感谢我学术生命中的两位导师,始终陪伴我、鼓励我,帮助我走得更坚实。我不能辜负我的老师,努力在路上……

感谢我的伙伴园,感谢海淀区教师进修学校张瑞芳老师的宝贵建议,感谢学苑出版社任彦霞老师的鼎力支持!

恳请我的伙伴们和学前领域的专家不吝赐教。

2019 年 5 月 14 日